成语里的中华科技

戴吾三 —— 著

上海科技教育出版社

前言

成语是汉语中经长期使用、锤炼而成的固定短语,是中国传统文化的一大特色。

追本溯源知,成语有很大一部分是从古代相承沿用而来,或概括了一个寓言故事,或表现了某个人物,抑或浓缩了某个场景。

深入分析还知,有些成语反映了古人对自然的认识,体现了古代的创造发明,蕴含了巧妙的思维,还原出来都有一段历史的精彩和生动。

如"奉为圭臬",今比喻把某些言论或事当成自己的准则。而在古代,"圭臬"是测量日影的重要仪器。"圭"是平卧的尺;"臬"也称为"表",是与圭垂直的杆。利用圭表,根据日影的变化,可以测定方向、节气和一年时间的长短。春秋时期,古人利用圭表测量,已成为制定历法的重要手段。

古人观察日月星辰,最早没有什么仪器,但不可否认古人开动脑筋,尽显智慧。今天我们说"以管窥天",意思是对事物或问题了解片面,用于自己表示谦虚,指他人则含贬义。而在没有望远镜的古代,古人就是"以管窥天"的。通过特制的管子,辅之以其他手段,古人观察天体星象曾达到很高的认识水平。诺贝尔物理学奖得主李政道深信古人"以管窥天"的能力,曾认真探究过古人"窥天"的管子。

有些成语,分析知有古代技术为基础。如"青出于蓝",原句是"青,取之于蓝而青于蓝;冰,水为之而寒于水。"这句话出自荀子,是他用来劝人好学上进的。"青出于蓝"今也常比喻学生胜过老师。若追问,为什么荀子要用"青,取之于蓝而青于蓝"设喻呢?这是因为,在诸种植物染料中,靛蓝是中国古代最早提炼加工并且应用最广的一种,战国时期人们大都熟悉这种染蓝技术。荀子用它来设喻,接地气,因而有说服力。试想,若说成"紫出于红",表层义似乎清楚,但缺乏为民众所熟悉的技术知识,就难以说通。

也有些成语,深入可知古人使用的运算工具和方法。如"运筹帷幄",其"筹"指算筹,是中国古代用于计算的工具;"运筹"本义是指利用算筹进行计算,筹算的技术在古代也称作"算术",这一名称准确概括了中国古代数学依赖于算筹并以算为中心的特点。

本书所涉成语里的古代科技,读者皆可用心体会,感受中华传统文化的魅力,促进对科技与文化关系的思考。

戴吾三
2021 年 10 月

目录

天　文 / 001

奉为圭臬 / 制定节气历法的圭表 / 003
一寸光阴一寸金 / 用长度计算时间的日晷 / 008
一刻千金 / 用刻度计算时间的漏刻 / 012
以管窥天 / 中国古代的天象观测术 / 016
斗转星移 / 古代对星空的认识 / 021
七月流火 / 古代对"大火"星的观测 / 026
杞人忧天 / 古代对"天"的认识 / 030
小儿辩日 / 古代天文学理论的思辨 / 034

地　理 / 039

赤县神州 / 古人的世界地理观 / 041
五湖四海 / 古代对湖海水域的认识 / 045
沧海桑田 / 古代对海陆变迁的认识 / 048

海市蜃楼／古代对大气现象的观察和解释／053

　　万事俱备，只欠东风／诸葛亮的气象知识／059

　　橘化为枳／古代植物的地理分布／063

　　因地制宜／古代农业生产中的重要指导思想／066

医　学／071

　　岐黄之术／中国传统医学的基础理论／073

　　吐故纳新／古代的运动养生学／078

　　起死回生／中国名医望诊术／083

　　对症下药／华佗的医术／088

　　杏林春满／传统医学与医德的最高境界／092

　　以毒攻毒／古代预防天花的接种术／095

物　理／099

　　千钧一发／一根头发所引发的力学问题／101

　　同声相应／古代对共振现象的认识／104

　　目迷五色／古代对光及色散的认识／109

　　刻舟求剑／古代对运动相对性的认识／114

　　明镜高悬／古代"透光镜"的奥秘／117

　　宥坐之器／有关重心与平衡的器物／121

　　黄钟大吕／古代的音律制订法／126

　　金声玉振／古代的钟磬之声／132

生 物 / 137

五谷丰登 / 中国古代五大农作物 / 139

伯乐相马 / 中国古代畜牧学的成就 / 144

国色天香 / 新品种牡丹培育 / 151

螟蛉义子 / 昆虫寄生现象的发现 / 155

螳螂捕蝉,黄雀在后 / 古代对食物链的认识 / 159

数 学 / 163

河图洛书 / 古老的幻方 / 165

中规中矩 / 以成方圆的绘图测量技术 / 169

不管三七二十一 / 九九乘法口诀的历史 / 173

运筹帷幄 / 古代的算筹和筹算法 / 177

一举而三役济 / 古代的运筹学方法 / 182

赛马之策 / 古代的对策论方法 / 186

权衡轻重 / 度量衡标准的演变 / 191

举一反三 / 古代逻辑学的认识方法 / 195

建 筑 / 199

来龙去脉 / 古代对居住环境的认识 / 201

升堂入室 / 古代房屋的建筑格局 / 206

方枘圆凿 / 木构器物的榫卯连接 / 210

钩心斗角 / 古代建筑的斗拱 / 214

明修栈道,暗度陈仓 / 古代栈道修筑 / 218

技 艺 / 223

玉不琢,不成器 / 古代的制玉技术 / 225

日月如梭 / 古代纺织的梭子 / 230

参差不齐 / "参差"为何物 / 234

丝丝入扣 / 古代织机之"筘" / 239

锦上添花 / 古代的织锦技术 / 242

青出于蓝 / 古代的染蓝技术 / 246

和氏之璧 / 梦幻月光石的秘密 / 250

炉火纯青 / 由光色测量高温的技术 / 254

百炼成钢 / 古代的百炼钢技术 / 257

千里之堤,溃于蚁穴 / 战国时代的堤防技术 / 262

水到渠成 / 古代治理运河的范例 / 266

发 明 / 271

抱瓮灌畦 / 反观汲水机械——桔槔 / 273

千变万化 / 古代科幻"机器人" / 277

看风使舵 / 舵的产生和发展 / 282

驾轻就熟 / 古代先进的马车系驾法 / 287

自相矛盾 / 古代兵器"矛"和"盾" / 291

刀光剑影 / 古代的刀剑 / 296

强弩之末 / 古代的重武器——弩 / 300

硝烟弥漫 / 古代的火药发明 / 304

技术观 / 309

班门弄斧 / 古代著名工匠鲁班 / 311

箕裘相继 / 古代工匠的技术传习 / 316

盗天而无殃 / 古代对自然资源的认识 / 320

买椟还珠 / 古代技术与文化的关系 / 324

愚公移山 / 古代的人与自然 / 329

参考文献 / 333
图片来源 / 336

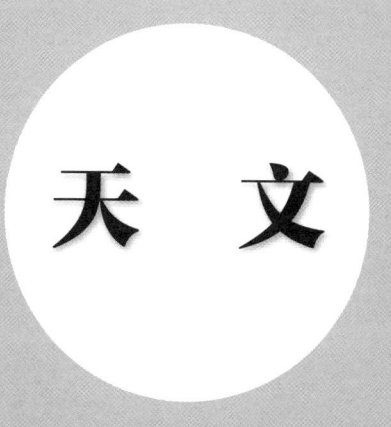

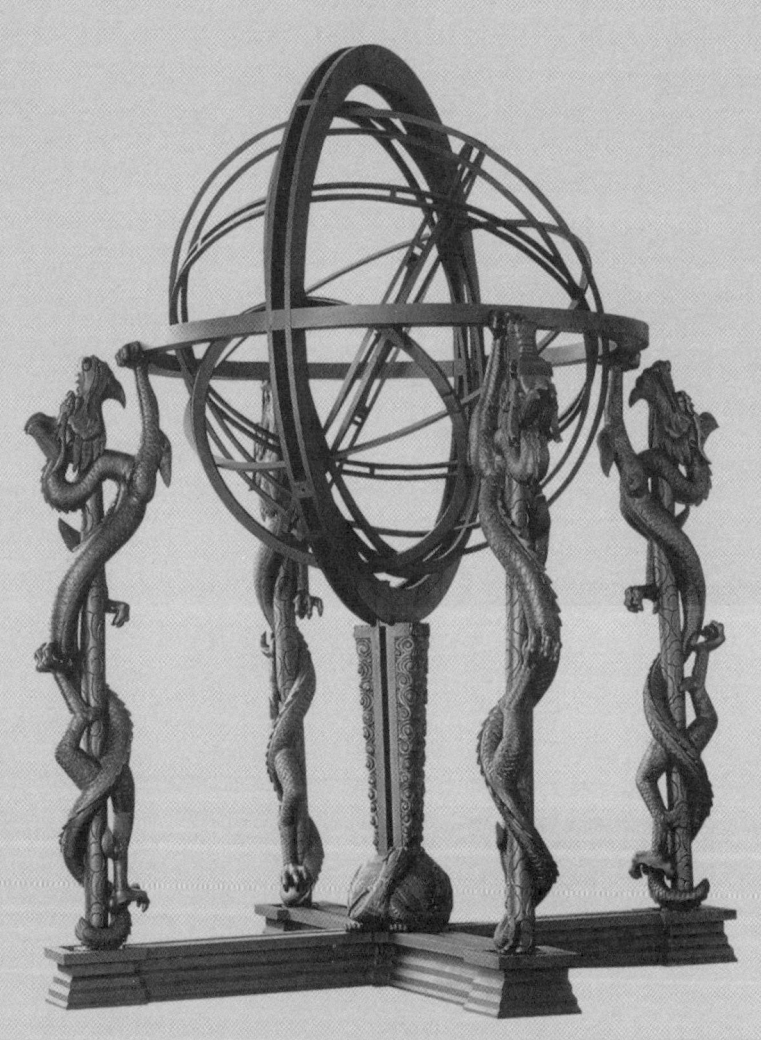

奉为圭臬
制定节气历法的圭表

"奉为圭臬",见杜甫《八哀诗·故著作郎贬台州司户荥阳郑公虔》:"圭臬星经奥,虫篆丹青广。子云窥未遍,方朔谐太柱。"

"圭臬",也即圭表,原是古代测量日影的仪器。"圭"是平卧的尺,南北放置;"臬"也常被称为"表",是直立的杆,与圭垂直。利用圭表,根据日影的变化,可以测定方向、节气和一年时间的长短。春秋时期,古人利用圭表测量,已成为制定历法的重要手段。《宋史·律历志》记载:"观天地阴阳之体,以正位辨方,定时考闰,莫近乎圭表。"可知古人对圭表的重视。

"圭表"后引申为法度、标准,故有"奉为圭臬"的说法。

古代最早的"表",就是一根插在地上的杆子(后也有用石柱的），古书中所谓臬、埶、桿、碑、髀等字，许多场合就指"表"而言。上古时期，先民在日常生活中观察到物体（如房屋、树木）经太阳光照射投下影子，并注意到影子的方向和长短会随时间有规律地变化。古人逐渐想出用一定高度的木杆作为专用物体来观察日影的变化，由此，就有了最初的天文仪器——"表"。

"表"的结构虽然简单，但用途很多。古人根据表投下的日影的方向和长短，可以定方向、定时刻和确定节气。

为准确测量日影的长度，也需用尺子。古人先是用一根活动的尺子来量度表影，这叫"土圭"。先秦典籍《周礼·考工记》记载："土圭尺有五寸，以致日，以土地。"所谓"致日"，意思是度量时间、定季节；所谓"土地"，意思是测量空间、辨正方位，这里的"土"为动词，"犹度也"。怎么"致日"呢？作合理的推想，古人应先立表测量，定出南北方向，观测太阳每天到正南方时表的影长，再用土圭来量度。表影最短的那天，就是夏至；表影最长的那天，就是冬至。冬至、夏至确定了，一年四季也就好定了。殷商甲骨文中有"至日"、"勿至日"的记载，这表明，殷人已能根据正午时分的表影长短来确定夏至、冬至和节气。

进一步发展，古人将圭固定于表底，并延长圭的长度，于是就成为圭表。圭表的表高一般为8尺，这一高度标准大概在周代时形成。

到春秋时期，利用圭表测量日影，已成为国家制定历法的重要

清代《钦定书经图说》所载"夏至致日"图

手段，当时使用这种方法测定的回归年长度为 $365\frac{1}{4}$ 日。据现代学者研究，公元前 5 世纪诸侯国所使用的"古六历"（黄帝历、颛顼历、夏历、殷历、周历、鲁历，均已失传），就以这个数值作为基本的数据。

  圭表的使用历经千年。到元代时，科学家郭守敬为了提高观测精度，对圭表的高度大胆做了革新，他把铜制的表身增高为 4 丈。由于表身增高，减小了系统误差，提高了测量的精确性，又利用小孔成像原理设计了"景符"（高表的辅助装置，使用表端所附设的横梁投影求值，可测得日心位置），使观测效果更明显。明万历年间，学者邢云路再做创新，他在兰州建造起 6 丈高的木表，该表成为中国历史上最高的表。邢云路测定出中国古代最精确的回归年数值，可以说高表为他立下了大功。

  利用圭表测日影定节气、定历法，在我国历史悠久，可惜留存下来的圭表寥寥无几。1977 年在安徽阜阳西汉汝阴侯夏侯灶墓出土的漆器圭表是我国目前所发现最早的圭表实物。作为随葬品埋入墓内，表明西汉时期圭表已比较普及了。下图为 1965 年在江苏仪征东汉墓出土的铜圭表。该圭表的圭面长 34.5 厘米，宽 2.8 厘米，厚 1.4 厘米。表和圭用轴连接，平时将表放倒，与圭可合成一把尺子。使用时将表拉出，圭面上就出现一个长方形的槽。往槽中注入清水，可使圭面保持水平，又能使表影投射在与圭面相持平的面上。圭上刻度和表的高度是汉制尺度缩小 10 倍的尺寸，可见这

东汉铜圭表

具圭表是袖珍式的。

因圭表测量具有法定的标准意义,古代很自然衍生出"奉为圭臬"一词。今天,圭表虽然退出了历史舞台,但"奉为圭臬"一词仍具有生命力。

一寸光阴一寸金
用长度计算时间的日晷

"一寸光阴一寸金",见晚唐诗人王贞白《白鹿洞》诗:"读书不觉已春深,一寸光阴一寸金。不是道人来引笑,周情孔思正追寻。"这是"一寸光阴一寸金"的最早出处,意思是时间非常宝贵,必须珍惜。如今已成为世人皆知的格言。

晚唐诗人杜荀鹤《题弟侄书堂》诗中有:"少年辛苦终身事,莫向光阴惰寸功。"可见,到唐代末期,时间用"寸"计量的说法已流行,这恰与日晷的发展有密切的关联。

在中国古代,时间为何用寸计量呢?说来很有意思,这涉及古代所用的计时器——日晷,它是古人在圭表基础上发明的。

由于地球围绕太阳公转,使得一年之中每天正午时分直立杆的投影长度有变化。又由于地球自转，一天之内立杆投影的方位也在有规律地变化，因而可以用日晷投影的方位变化来测定每天的时刻。

日晷的主要部件是一根粗针（称为晷针，多用铜制作）和刻有时刻线的晷面（用石材），晷针穿过晷面的中心。日晷按晷面所放置不同，可以分地平日晷、赤道日晷、立晷（晷面平行于卯酉面）等。最常见的是赤道日晷和地平日晷，今天还可以在北京故宫博物院里见到它们的身影。

一般认为，中国传统的日晷是赤道日晷，它由晷盘和晷针组成，晷盘为石质，周边刻有子、丑、寅、卯等十二个刻度（时辰），晷针为铜质，立于晷面中心且垂直于晷面。晷面和赤道平行，也即和地面成一定角度。在阳光照射下，晷针的影子就好像钟表的指针一样慢慢地移动，晷针的影子指向晷盘的某一位置，便可知道是白天的某一时间。"一寸光阴"，就是指晷盘上晷针的影子移动一寸距离所耗费的时间。也有用晷指日影的，见唐《初学记》引潘尼诗："尺璧信易遗，寸晷难可逾。"唐钱起《送张少府》诗："寸晷如三岁，离心在万里。"这里，"晷"即指日影，"寸晷"指一寸长的影子，借指时间。

迄今出土年代最早的日晷是秦汉时的玉盘日晷（因石质细腻得名），1897年在内蒙古托克托县发现（故也称"托克托日晷"）。该日晷是一块一尺见方的石板，厚3.5厘米。其表面平整，中央有一个较大、较深的圆孔，圆孔之外有一半径近4寸的大圆。圆周上刻

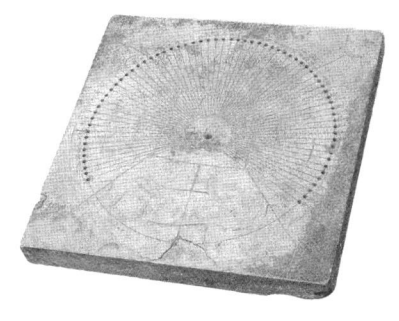

秦汉石刻日晷

有69个浅孔,浅孔都标上1～69的数码,并有直线与中央圆孔相连。按69孔所占圆周三分之二略多估算,整个圆周是等分成100等份的,每一浅孔占百分之一。从所用字体来看,专家认为是秦汉之际的遗物。之所以有一个扇形空缺,想是因太阳从地平线升起前和落下后都不会形成投影,故晷面的这一部分不必设刻度。

日晷测时虽然简单可靠,但在使用上受到很多限制,比如阴天和晚上就无济于事。因而古代与日晷并行,还使用着另一种计时器——漏刻。

清华大学校园里的日晷。2018年8月20日12点摄,此时日影在晷针的正下方

日晷在几千年的计时中起过重要作用,所以在现代也常被做成特殊的纪念物。如清华大学1920届学生毕业时,献给母校一件石刻纪念品,上部是日晷,下部底座分别刻着1920级的铭言"行胜于言"以及建造年月,这个日晷今天已成为清华大学的打卡景点之一。

日晷也被用作文化元素应用到艺术设计中。2000年4月,由著名艺术家陈逸飞、夏邦杰(法国)创意设计的大型景观雕塑《东方之光》落成于上海浦东世纪广场,该雕塑以日晷为原型,以时间的变化表现时代主题,近看是错综精致的网架结构,这可以说是对古老日晷的一种新诠释。

位于上海浦东世纪广场的大型景观雕塑《东方之光》

一刻千金
用刻度计算时间的漏刻

"一刻千金",见北宋著名诗人苏轼《春夜》诗:"春宵一刻值千金,花有清香月有阴。"

一刻时光,竟价值千金,比喻时间非常宝贵。今人仍习用"刻"来表示短暂的时间,如"一时半刻"、"刻不容缓";有时也用"刻"来表示时间的每一段,如"时时刻刻"、"每时每刻"等。

古代以"寸"量度时间,同时也用"刻"来计时,说来有其原由。

前面说到日晷计时,遇到阴天就不灵。为解决这个问题,聪明的古人发明了漏刻计时。这种计时方法分一昼夜为一百刻(一刻相当于今天的14.4分钟),因而古代语言中就有"刻"的说法。

"漏刻"中的"漏"指漏壶,"刻"指刻箭。漏刻是一种比日晷用途更大的计时器,它可以用来计时,也可以守时,而且不受昼夜和天气变化的影响。

早在四五千年前,古人已经能够制造精美的陶器。看到盛水的陶器产生裂缝后水会慢慢漏光,古人受到启发,逐步把水的流失同时间的概念联系起来;再进一步,古人联想到制造一种有孔的壶,专门用来计量时间。

根据文献分析,漏刻的发展过程大致经历了三个演进阶段,从"淹箭法"到"沉箭法",再到"浮箭法"。

最早的漏壶很简单,就是一把带提梁的壶,在壶的下边留一个小孔,箭杆上刻有刻度。看水退到哪一刻度,就知道是什么时刻,这就是淹箭法。由于水对箭杆的附着力,要准确读出水淹到哪一刻是困难的,所以后来又发明了沉箭法。人们用一个竹或木的小托子(叫箭舟)浮在漏壶的水中,再给漏壶加一个盖,盖上开孔,箭杆从孔中插进,立于箭舟上。当壶中水满时,箭杆升得很高,随着水的流失,箭杆不断下降,观看盖口遮到哪一条刻度线,便可以知道是几刻。

浮箭法比前两种方法先进得多。使用浮箭法,可以说是漏刻技术发展史上的一个突破,因为它使刻箭和漏壶脱离开来,成为两部分,从而解决了刻箭和漏壶本身解决不了的一个大问题,即流速不均的问题。

浮箭法是用一把壶装水,称为漏壶,另用一个称为箭壶的容器收集漏下来的水,箭舟放在箭壶中。随着箭壶中收集的水增多,箭舟托着箭杆跟着上浮,从箭壶盖孔边读出刻度数,从而知道时间。这种漏刻叫做浮箭漏,显而易见,它与沉箭漏的刻度正好相反。

把刻箭和漏壶分开,就可以采取措施保持漏壶水面的稳定,从而大大提高漏壶计时的准确性。当然,在给漏壶添加水的前后,水压还是有变化的,但比起沉箭漏来,确实是一个大进步。

后来古人又发明了二级漏壶,在漏壶之上再加一把漏壶,这样下面壶流出去的水可以随时得到上面壶里流下的水补充,这有利于保持水面稳定。二级漏壶的出现不晚于东汉,因为东汉科学家张衡的漏水转浑仪里,使用的就是二级漏壶。晋代的记载中有三级漏壶,唐代制作过四级漏壶。

由于漏刻在生产、生活中有重要作用,因而历代都努力对漏刻做改进。除了增加漏壶的级数,再有就是分水壶的发明。

经过不断的改进,漏刻的结构日臻完善。中国目前现存最完整的一件古代计时漏刻,是元代延祐三年(1316年)所造,现藏于中国国家博物馆。这套漏刻由四个铜壶组成,安放在阶梯式的座架上,通高2.64米。由上而下,最上层的漏壶叫做日壶,第二层的漏壶叫做月壶,第三层的漏壶叫做星壶,最下层的壶叫做受水壶。日壶、月壶和星壶的下部都有一个滴水龙头,水依次沿龙头滴下。在受水壶铜盖的中央,插着一把固定的铜尺,自下而上刻有子到亥时,共十二时辰。另外还有一个木制的浮箭,固定在浮舟上,紧靠

元代铜壶漏刻

铜尺,指向时辰刻度。

因为一年四季,昼夜长短并不一致,时辰的刻度也相应有变化。据《宋史·律历志》记载,宋代漏刻计时,夏季日间六十刻,夜间四十刻;冬季日间四十刻,夜间六十刻。夏天日长,冬天夜长,漏刻作出适当的调整是必要的。

漏刻在中国古代计时中一直扮演着重要的角色,直到近代西方钟表传入并在中国推广,才逐渐退出历史舞台。

以管窥天

中国古代的天象观测术

"以管窥天",见《庄子·秋水》:"是直用管窥天,用锥指地也,不亦小乎!"另见《史记·扁鹊仓公列传》:"扁鹊仰天叹曰:'夫子之为方也,若以管窥天,以郄视文。'"

在没有望远镜的古代,古人就是"以管窥天"的。通过特制的管子,辅之以其他手段,古人观察天体星象活动,曾达到很高的认识水平。

因为通过管子看天,范围有限,故后人就用"以管窥天"(也简称"管窥")比喻对事物或问题观察不全面,用于自己表示谦虚,用于他人则含有贬义。

在没有望远镜的古代,若要观测天体星象,起初古人只能直接用眼睛巡看,这对大范围的天象变化好说,但要比较精确地观测微小变化就不够了。聪明的古人就通过竹管或玉石制管的孔来缩小范围观测,逐步又想到制作刻有尺度并能转动的仪器,其窥管也改用青铜铸造。

窥管的起源可以追溯到很早。先秦典籍《尚书·舜典》记载:"在璇玑玉衡,以齐七政。"唐代著名学者孔颖达认为,玉衡是长8尺、孔径1寸的窥管,安置在可以旋转的天文仪器上,可以观测日、月和金、木、水、火、土五星。

著名科学家李政道认为,在中国,新石器时代先民就有科学的观测活动。李政道设想当时已有"精密"的天文观测仪器,能把天空中的固定点定位准确到零点几度。整个仪器安装在一个约15尺长的直圆筒柱上,筒柱中心有一个孔。当古人通过盘边的凹槽观测天空时,每个槽中有一颗亮星(参见李政道主编:《科学与艺术》,上海科学技术出版社,2000年)。因为缺乏文献记录,当初的仪器是否就如此,还不能妄下结论。

由实验知道,用管子观测天象,能除去侧光的影响,提高暗星的能见度,直接用肉眼看不见的八等星,用

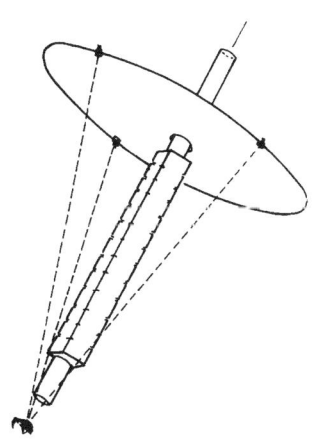

李政道设想的古代天文观测仪器
(人眼通过管子窥天)

《钦定书经图说》所载璇玑玉衡图

管子即可看见,有六等星的效果,而窥管的长度适当延长,效果更佳。可见,古人用管子观星是符合科学道理的。

根据文献记载,大约在公元前1世纪,古人发明了观测天体的浑仪。浑仪是模仿人目所见的天球形状,制成一重重同心的圆环,整体看来就像一个浑圆的球,所以称作浑仪。

据《隋书·天文志》介绍,浑仪有两重圆环,外面的一重有三个环,是表示地平圈、子午圈的,固定安装,也起骨架作用,下面有柱子支撑。里面的一重有两个平行圆环,可以绕轴转动。在这个双环之间,夹着一根8尺长的方柱形管子,就是"窥管"。管子两端各有一个直径为1寸的圆孔。管子能绕着双环中心贴着双环面旋转。转动双环,可以把管子带向任何一个天体所在的赤经线上。再转动管子,就可以把它朝向这条赤经上的任何一个点。环上都刻有度数和方位,因此,以管窥天,观测天体,能得到比较准确的数据。可以看出,窥管是浑仪中的重要部件。

在天文仪器的发展中,窥管也得到改进。宋代时,沈括为了减小观测误差,把窥管下端的孔径缩小,这样便可减小由人眼挪动范围造成的误差。到元代时,科学家郭守敬更是大胆改革,干脆把窥管的三边管壁都去掉,只剩一条两头带着横耳的铜条,这样窥管就改称"窥衡"了。

可以说,在西方望远镜传入中国以前,窥管在观测天体中功不可没。

明正统二年(1437年)仿元代仪器制造的浑仪。现陈列于南京市中国科学院紫金山天文台

西方在发明望远镜前,观测天体也用过类似窥管的装置。在10世纪的圣加尔西班牙文古抄本上有一幅图,画的就是西方著名天文学家托勒密在通过窥管观测极星。

斗转星移
古代对星空的认识

"斗转星移",或作"星移斗转",见元代戏曲作家马致远《陈抟高卧·第三折》:"盖一片白云,枕一块顽石。直睡的陵迁谷变,石烂松枯,斗转星移。"这里的"斗"指北斗,"星"指星座(中国古代指星官)。北斗转向,星座移位,表示时序变化,岁月流逝。

天文学为研究的方便,把星空分为若干区域,每个区域叫一个星座。现代天文学分为88个星座,如天鹅座、仙女座、大熊座等,这些星座基本上是古希腊的体系。中国古代类似的概念是星官,星官同现代的星座是完全不同的两个体系。

远在五六千年以前,古人通过长期的星空观测,对密布的繁星逐渐熟悉。为了观测和记忆的方便,古人把星星划分成群,各群的星数多寡不等,多的几十颗,少的只有一颗。把一群之内的星用假想的线连起来,可以组成某种图形。古人发现许多图形和平时所接触的一些事物很相似,于是便给予图形相应的一些名称。例如"北斗七星",连线图形像一只长把的勺子,和古人用的舀酒器——"斗"很相似,所以取名"北斗"。又如箕宿四星,可连成一个簸箕形,便称之为"箕"。《诗经·小雅·大东》有形象比喻:"维南有箕,不可以簸扬。维北有斗,不可以挹酒浆。"诸如此类的名称,表示组成一群的星星,这样的群,古代称为星官。

大致上讲,早期命名的星官,多和当时人们较常接触的事物有关。例如可以分为生产、生活用具类(斗、箕、毕、杵、臼、车、船等),动物类(鱼、龟、鳖、狗、狼等),人物类(老人、女人、织女等)。后来,统治阶级把人间的国家机器和社会组织也搬到天上,就有了官职类(帝、太子、相、侯等)、军事类(大将军、骑官、斧钺、羽林军等)。中国星官的命名系统是在战国到三国这五六百年中完备定型的,那正是封建制取代奴隶制后巩固、发展的时期。

对星官数目的记载,在历史上有一个发展和完善的过程。据初步统计,在先秦史料中记载的星官数约为38个。司马迁著《史记·天官书》中所记星官数为91个,包括的恒星约500余颗。东汉初年成书的《汉书·天文志》则说:"经星常宿中外官凡百一十八名,积数七百八十三星。"

自战国秦汉以来,甘德、石申、巫咸等星占流派都有自己的一

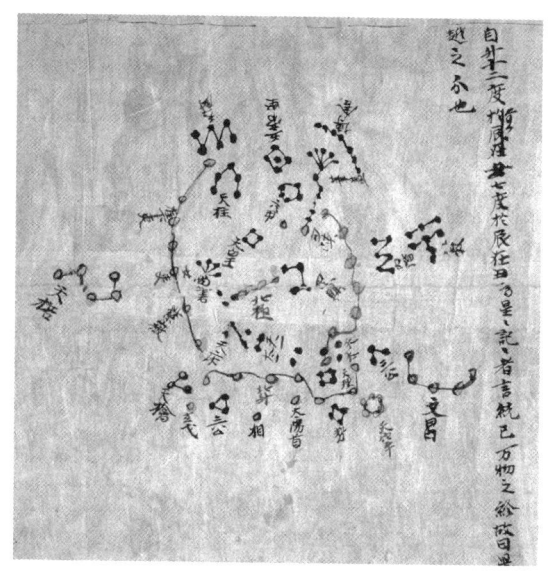

公元8世纪初的编制敦煌星图。注意下部的北斗七星

套星官系统。到三国时代,吴国的太史令陈卓,综合石氏、甘氏、巫咸三家星官,并同存异,编制出一个283星官1464颗恒星的星表,并以此为根据绘成了星图(可惜陈卓的星表和星图均已散失)。此后,经《晋书·天文志》和隋唐《步天歌》的总结和发扬,形成了中国观察星辰的基础,一直沿用了一千多年。

在这众多的星官中,最重要的是三垣、二十八宿。

三垣是紫微垣、太微垣、天市垣。三垣的各区域都有东西两藩的星,围成墙垣的形式,所以叫做三垣。

二十八宿又名二十八舍。最初是古人为比较日、月、五星的运动而选择二十八个星区,作为观测时的标志,"宿"或"舍"都有停留

的意思。二十八宿的名称,按照日、月视运动的方向,自西向东的排列顺序是:

东方七宿:角、亢、氐、房、心、尾、箕;

北方七宿:斗、牛、女、虚、危、室、壁;

西方七宿:奎、娄、胃、昴、毕、觜、参;

南方七宿:井、鬼、柳、星、张、翼、轸。

二十八宿是把沿着黄道和赤道附近的星官划分为二十八个大小不等的区域,每个区域就叫做一宿。

中国古代就是根据每宿星象的出没和中天的时刻判断季节的。随着天文学的发展,二十八宿的作用也随之扩大。在现代天文学形成之前,它不仅在编制历法、划分二十四节气等方面发挥了重要作用,而且是归算日、月、五大行星(金星、木星、水星、火星、土星)乃至满天星斗位置的标准。因此可以说,二十八宿是中国古代天文学家的一项重大创造。著名科学史家李约瑟曾评价说:"现在无疑已经证实,中国古代的天文学虽然在逻辑性和实用性方面决不逊于埃及、希腊以及较晚的欧洲天文学,然而它却是以大不相同的思想体系为基础的。"

关于二十八宿的起源年代,学术界曾长期争执不一。1978年湖北随县曾侯乙墓出土了一件漆盒,发现在漆盒盖面中央是一个很大的篆文粗体"斗"字,斗字周围排列着古代的二十八宿名称。考虑到曾国在战国初期是一个小国,并且二十八宿是被描绘在盒

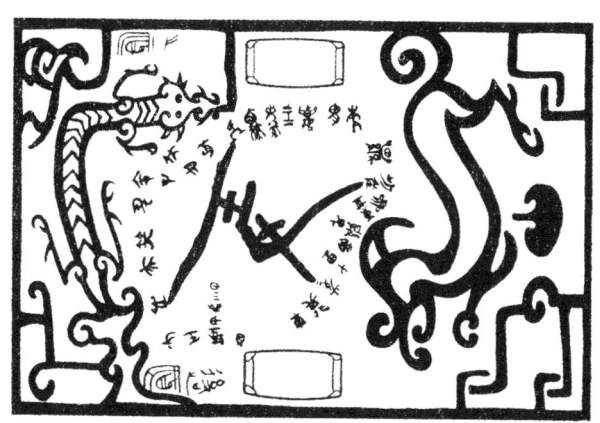

曾侯乙墓出土漆盒上的二十八宿图案

盖上作为装饰图案的,可以想象二十八宿体系在当时已经是一种很普及的天文知识了。曾侯乙墓漆盒的发现,把二十八宿全部名称的可靠记载提前到战国初,这说明中国二十八宿体系创立时代的下限是战国初期。但上限的年代为何,则仍待进一步探讨。

中国古代星官体系今虽已不通行,但对它有一些了解,对学习中国古代历史、科技史和阅读古诗文确有助益。

七月流火
古代对"大火"星的观测

"七月流火"出自《诗经·豳风·七月》:"七月流火,九月授衣……"有些人望文生义解释,"七月的天气很热",其实并非如此。"七月流火"中的"火"实指古代的"大火"星(又叫心宿二)。"七月流火,九月授衣"意思是说:夏历七月,"大火"星从中天逐渐西移,天气将变冷,到九月,就该准备缝制冬衣了。所以,"七月流火"本义是说天象变化,并非说天气炎热。

"大火"曾是古代最早观测的几颗明亮的星宿之一。通过专门细致的观测,古人得以较好地确定季节,制定历法。

距今五千多年前,随着农业的发展,古人对农时季节有了更高的要求。只靠简单地分辨北斗斗柄在上或在下,已明显不够用,因而逐渐出现了新方法,借观测几颗亮星在傍晚或黎明时出没和居南中(过子午线)的日子,来确定季节并制定比较准确的历法。"大火"就是最早被观测的少数几颗亮星之一。大火是一颗明亮的一等星,现代天文学称天蝎座α星,是天蝎座的主星,也是一颗红超巨星。

传说早在颛顼帝时已设火正一职专门负责对大火进行观测。先秦典籍《左传》明确记载"火纪时焉",并说,火正又称祝融,是一个常设的专职官员。

据天文学史学者研究,黄昏时分在东方地平线之上,最利于观测大火来决定春分的时代是公元前2400年前后。

在这个时期,每年到了日夜等长(春分、日中)的那天,当太阳在西方沉落,天色刚开始昏暗时,明亮的大火星就正好从东方的地平线上升起。可以想见,古人日出而作,日入而息,通过长期的观察和实践,会注意到每年寒尽春回黄昏时分,大火又重新在东方地平线上出现。"春",五谷始生,"秋",五谷尽熟,春分是农事中的重要时节。因而,春季大火黄昏出现,便成为一年中农业的大事。

春分之后,白昼越来越长,黄昏时大火越来越高,两三个月后,日没不久,就会看到大火明亮地闪烁在正南方的天空。再以后,大火西移,越来越低。接近日夜等长(秋分、宵中)时,大火就看不到了。这时太阳走到心宿附近,由于位置靠近,太阳与大火几乎同升同落,大火的光被太阳所掩。这就是古籍《夏小正》所说的"八月:……辰(指大火)则伏","九月:内火。……辰系于日"。再约过一个月,太阳走到心宿东边150°以外的位置,这时大火(即"辰")晨见东方(日出之前,大火从东方升起),直到第二年春天,大火又在微弱的昏影中重现。就这样,通过经年累月地观察大火黄昏始见的实践,古人逐渐认识了春分(日中、日夜等长)。

天文学者认为,殷商时代,古人已根据昏测大火南中确定夏至。在出土的大量甲骨卜辞中,能明确认定为恒星的目前有火和鸟星。如"贞佳火,五月","㞢(有)新大星并火","其侑火",等等。

甲骨卜辞中的新星纪事。中间一列文字为"㞢新大星并火"

"侑"等是祭名,这些卜辞记的是对大火、鸟星进行祭祀。对大火来说,商周时代之交,正是适合昏测南中以定夏至的时代。对鸟星来说,非常巧,最适合昏测鸟星南中来决定春分的时代是公元前1400~公元前1200年,这也正好是殷商时代。正由于大火、鸟星是用来定季节、正农时的标准星象,与收成好坏有密切关系,所以殷人把它们尊而敬之,祀以为神以祈求丰收。

可以说,至迟到殷商时代,古人已能测定分至(或其中一部分)。古籍《尚书·尧典》中关于"日中星鸟,以殷仲春。……日永星火,以正仲夏"的记载,就是殷商时代的天象反映。

古代天文学发展到能够比较准确地定出分至的阶段,就可以对闰月的设置(岁末闰)加以有规则的安排。这时历法已比较规整,季节与月名已有基本固定的关系。有学者对甲骨卜辞中有关天文气象的内容做了统计,证明殷商时代月名和季节确实基本上已有了固定关系,这反映了中国商代天文学的进步。

杞人忧天
古代对"天"的认识

"杞人忧天",出自《列子·天瑞》:"杞国有人忧天地崩坠,身亡所寄,废寝食者。又有忧彼之所忧者,因往晓之,曰:'天,积气耳,亡处亡气。若屈伸呼吸,终日在天中行止,奈何忧崩坠乎?'其人曰:'天果积气,日月星宿,不当坠邪?'晓之者曰:'日月星宿,亦积气中之有光耀者,只使坠,亦不能有所中伤。'其人曰:'奈地坏何?'晓之者曰:'地,积块耳,充塞四虚,亡处亡块。若躇步跐蹈,终日在地上行止,奈何忧其坏?'其人舍然大喜。晓之者亦舍然大喜。"

故事颇有讽刺性,实际上,故事背景还反映了与古代天文学宇宙结构学说之间的关系。"杞人忧天"后常用于比喻没有根据或不必要的忧虑。

茫茫宇宙,迢迢星汉,自古就引起不同地域的先民的好奇和遐想,也激发天文学家不断地去探索奥秘。

历史上,中国天文学家通过自己的观察,努力探索"天",创立了多种独具特色的宇宙结构学说,其中最主要的有"盖天说"、"浑天说"和"宣夜说"。

最早出现的是周代的"盖天说",其特点是认为"天圆地方"。按先秦天文学著作《周髀算经》的说法,平直的大地是每边八十一万里的正方形,天顶的高度是八万里,向四周下垂。大地是静止不动的,而日月星辰则在天穹上随天旋转。这一学说符合人们的直观认识,但掺入了许多主观因素,经不起理性考问。楚国诗人屈原在《天问》中就问道:"九天之际,安放安属?隅隈多有,谁知其数?"

纪念雕塑"清华大学星"于2011年4月在清华大学理科馆西草坪落成。该雕塑用不锈钢作材料,以"天圆地方"为理念,方形花岗岩基座象征着大地

意思是：九天的边际与大地四方，究竟在哪里依傍相连？边边相交隅角众多，有谁能知其数量？

"天圆地方"看起来是不科学，但不可否认，作为文化观念却对后世产生了重要影响。

后来出现第二次盖天说，它和第一次盖天说的区别在于，不以地为平整的方形，而认为是一个拱形。拱形大地的设想，仍然不符合实际，但反映了认识的进步。

至迟在西汉又出现了另一种新学说——"浑天说"，主要内容见张衡《浑天仪图注》："浑天如鸡子。天体圆如弹丸，地如鸡中黄，孤居于内，天大而地小。天表有水，天之包地，犹壳之裹黄。天地各乘气而立，载水而浮。"后来"浑天说"也有发展，改为地球浮于气中，多少与气球相似。

浑天说比起盖天说来，是一个巨大的进步，以观察天体的视运动而论，按浑天体系解释，要精确得多。但是作为宇宙结构体系来说，浑天说仍然不符合真实。其"天球"概念完全是臆想出来的。

约在东汉时期，出现了一个有创造性的新学说——"宣夜说"，它直接否定天球的存在，认为宇宙空间皆充满气体。因为没有天球，"日月众星，自然浮生虚空之中"。所有天体都是在无所不包的气体中漂浮运动，各有不同的运动特性。

由于宣夜说否定天球的存在，使一些人产生担心"天"会掉下来的恐惧与忧虑，这就是"杞人忧天"这一故事由来的背景。

宣夜说的进一步发展，牵涉到天体的物理性质问题，"杞人忧天"故事中那个"晓者"（他是宣夜说的代言人）认为，不但天空充满气体，日月星辰也是气体，只不过是发光的气体。

就宇宙理论来说，宣夜说达到很高的认识水平。它提出了一个朴素的无限宇宙的概念。在纷纷争论天的高低大小的时代，它的出现反映了唯物主义哲学对宇宙理论的重要影响。但是从观测天文学的角度看，宣夜说却不如浑天说的价值大，浑天说能够通过计算，十分近似地说明太阳和月亮的运行，而宣夜说缺乏数学计算则难以做到。在修订历法时，浑天说有很重要的实用意义，而宣夜说却仅仅有理论意义，这就是为什么宣夜说在历史上不如浑天说影响大的主要原因。然而在人类认识宇宙的历史上，宣夜说无疑有它的重要地位。

小儿辩日

古代天文学理论的思辨

"小儿辩日"是一则著名的寓言故事,原见《列子·汤问》:"孔子东游,见两小儿辩斗。问其故。一儿曰:'我以日始出时去人近,而日中时远也。'一儿以日初出远,而日中时近也。一儿曰:'日初出大如车盖,及日中则如盘盂,此不为远者小而近者大乎?'一儿曰:'日初出沧沧凉凉,及其日中如探汤,此不为近者热而远者凉乎?'孔子不能决

《列子》记载的"小儿辩日"故事

也。两小儿笑曰:'孰为汝多知乎?'"

"小儿辩日"作为成语,今也用指立场观点分歧,莫衷一是。

小儿辩日的故事,可以说是中国古代对天文学理论问题思辨性和经验论述的一个精彩例子。

对于同一物体,离人近者感觉大,远者感觉小;对于同一热源,离人近者感觉热,远者感觉凉,这是人们日常生活中很容易获得的经验。两小儿各自从日初出时大、日中时小,日初出时凉、日中时热的事实出发,分别引用上述经验,反推出关于日初出时和日中时太阳离人远近的截然不同的结论,应该说这两个孩子是机敏的、大胆的;而孔子则是疑惑的、谨慎的。

不管历史上是否真有此事,"小儿辩日"作为问题提出,在古代

两小儿辩日

的确引起了许多人的兴趣和争论。

东汉科学家张衡在其名著《灵宪》中讨论了这个问题。他说："火当夜而扬光,在昼则不明也。"这也是从日常生活中取得的经验:人们在同样的距离看同一个火把,在夜晚看起来光大明亮,而在白昼看起来却微小暗淡。由此张衡进一步指出,当日初出时,天空背景和个人所处的周围环境比较暗,所以看起来太阳的圆面就大;而当日中时,背景和环境都比较亮,所以太阳圆面看起来就小。这应是日始出和日中时太阳视大小变化的主要原因。

东汉的桓谭在其《新论》一书中引述平陵关子阳(汉长水校尉)的看法,认为太阳在天顶时要比地平时近,理由是黄昏星辰从东方升起时,看起来星象比较稀疏,相互间距离丈余。而当升到天顶时,就显得多而密,相互间距离只有一二尺。这便是近而大远而小的道理。

西晋的束皙反对桓谭的说法。他认为天体在地平和天顶时一样远,只是由于在地平时,看上去天体在人的侧面,可以平视,就显得大些。实际上,太阳无大小之别,只是物体感觉刺眼与不刺眼的差别。与束皙同时代的姜岌也同意这种观点。姜岌进一步陈述了太阳在早晨呈红色,中午呈白色的道理,他认为这是由于"地有游气"的缘故。地面的"游气"遮挡和吸收了不少阳光,使人看太阳时不觉得刺眼。看上去不刺眼,太阳就显得又红又大。当没有游气时,太阳就呈白色,显得很刺眼,看上去也就会感觉它变小了。由于地气一般只能停留在地面,不能升上天,所以一天之中,早晚的太阳就呈红色,而中午时则呈白色。假使地气上升,弥漫天空的话,那么即使在中午,太阳也会变成红色,这种情况,我们在日常生活中稍加留意,都会遇到的。

姜岌的话符合现代的大气消光理论,但对两小儿争论的问题仍未能给以确切的回答。

"小儿辩日"的问题从现代科学的观点看,实际是比较复杂的。我们当然不应责怪两小儿,虽然他们都解释错了,但绝非胡言乱语;我们也不要嘲笑孔夫子,毕竟他坚守着"知之为知之,不知为不知,是知也"的态度。两小儿提出的问题,只是在近代天文学诞生以后,才能确切地加以讨论。

现在我们知道,地球绕太阳旋转的轨道不是正圆而是椭圆,所以地球在一年四季中到太阳的距离是变化的,甚至每天也不同。在上半年(就北半球而言),离太阳一天比一天远,到达远日点(夏至点附近)时,距离太阳最远;下半年的情况刚好相反,到达近日点(冬至点附近)时,离太阳最近。最远和最近相差达500万公里!但即使有这样的差别,只凭人的肉眼却感觉不出来。由此可知,太阳、地球间距离每天的变化,也就难以察觉。至于说距离变化引起太阳视直径大小的变化,当然也就不易觉察。所以,两小儿根据早晚视直径大小的不同来判断太阳的远近是不可能的。而根据早晨、中午冷热的感觉来判断太阳远近,那就更不可靠了。因为对北半球来讲,夏天最热时,地球离太阳却最远;冬至天最冷时,反而是离太阳最近。

那么,究竟为什么人们的感觉是早晚的太阳比中午时大呢?

关于这个问题有几种解释,如错觉说、视天穹效应、光渗作用、大气折射,其中重要的是大气折射解释。

一束光线从一种物质传播到另一种密度不同的物质时,方向会发生改变,这叫做光的折射现象。当太阳光线通过近于真空的宇宙空间进入地球的大气层时,由于地球的大气层密度比起宇宙太空的物质密度要大得多,光线也就会发生弯曲(叫做大气折射),随着大气层从上到下密度逐渐增加,光线也就不断弯曲,越近地平,弯曲越厉害,折射也越大。而我们判断远处物体的大小是根据其张角(或称视角)大小来确定的,对太阳而言,影响其视角变化的因素主要就是大气折射。由此可知,清晨,太阳光线经很厚的大气层折射后,其视角会明显增大;中午时,太阳光线经较薄的大气层折射后,其视角则减小。这就是为什么清晨太阳大如"车盖",而中午太阳小如"盘盂"的原因。

另外,由于清晨傍晚太阳光线比中午时穿过的大气路径长得多,被吸收和散折掉的阳光辐射也最多,因而会使人感觉早晚的太阳"沧沧凉凉"。而到了中午,由于整个上午阳光照射,热量不断积累,气温不断升高,所以就会感到"热如探汤"了。

地理

赤县神州

古人的世界地理观

"赤县神州"最早见《史记·孟子荀卿列传》:"(邹衍)以为儒者所谓中国者,于天下乃八十一分居其一分耳。中国名曰'赤县神州',赤县神州内自有九州,……中国外,如赤县神州者九,乃所谓九州也。于是有裨海环之,人民禽兽莫能相通者,如一区中者,乃为一州。如此者九,乃有大瀛海环其外,天地之际焉。""赤县神州"后也简称"神州"。

邹衍的"大九州说"反映了早期古人开放性的地理观念,虽然是对世界地理的猜测性认识,但不乏积极的意义。"赤县神州"后也成为了中国的代名词之一。

邹衍是古代齐国(今山东淄博一带)人,战国末期最著名的学者之一，在哲学、地理学和天文学方面都有杰出贡献。在地理学方面，邹衍提出"大九州说"，补充了中国早期占统治地位的天体观和地理观之不足，开创了海洋开放型地理观。

齐国由于地理位置优越，很早就成为中国古代主要的航海国。齐人乘船频繁往来于辽东半岛，也到达过朝鲜甚至日本。航海中所积累的地理知识和丰富见闻，为各派学者发展学说提供了条件。正是在这样的背景下，邹衍以他哲学家的思维，提出了"大九州说"。

大禹时代，中国被划分为九个区域，叫"九州"，整个中国称"赤县神州"。我们暂称这个"九州"为"小九州"。而邹衍认为，天下一共有九大块地方，各自被海包围着，一块地上生活的人和鸟兽无法与另一地的人和鸟兽接触来往。这九块地方各为一州。若将它们分别以九划分，应共划出八十一个区域，中国只为其中的一个区域。显然，邹衍所说的"有大瀛海环其外"的"九州"实为"九洲"。为与大禹时代的"九州"区别，我们称之为"大九州"。"大九州"是一种对世界地理观念的大胆设想，反映了当时的地理认识比《禹贡》中所述的观念又有了一定发展。

邹衍是在对"小九州"有充分认识并且熟悉大海包围陆地这一事实的基础上，以中国的九州为根据，通过外推而假设出了"大九州"。其采用的方法是，"先列中国名山大川，通谷禽兽，水土所殖，物类所珍，因而推之，及海外人之所不能睹。"邹衍从黄海、渤海包围山东半岛，推想到"大九州"中"乃有大瀛海环其外"。由自己熟

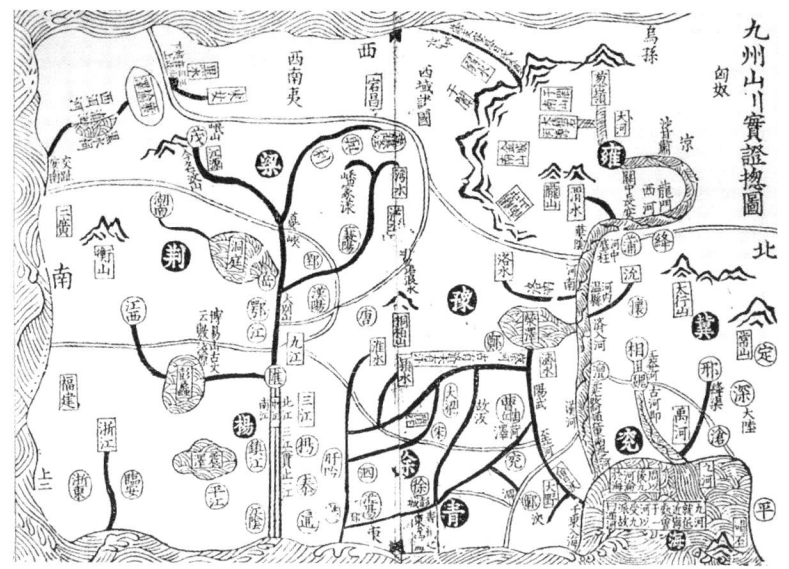

《禹贡山川地理图》之《九州山川实证总图》。作于南宋淳熙四年(1177年),描绘大禹治水成功后分天下为九州,是我国现存最早的雕版墨印地图实物

悉的事物推想未知的、暂时无法看到的事物,不失为一种有用的、认识世界的方法。近代天文学家认识太阳系后,推想出宇宙空间的其他恒星——行星系统,就有合理外推的成分在内。

邹衍的"大九州说"与当时占主导地位的大陆文化背景的地理学说不相符,其中的合理成分也无法证明,因而遭到包括司马迁在内的一些学者的怀疑和抨击。然而随着海外交通事业的发展,人们的视野逐渐扩大,对新的海岛和大陆的了解,使人们开始认识到邹衍的"大九州说"并非荒诞的说法。元代张翥首先为"大九州说"平反,他指出:"九州环大瀛海,而中国曰赤县神州。其外为州者复九,……此邹氏之言也。人多疑其荒唐诞夸。况当时外徼未通于中国,将何以征验其言哉。"几百年后,更多的西方地理学知识输入中国。中国知识分子出国学习考察,开阔了眼界。在抚今追昔的思想指导下,又找出了沉寂千年的邹衍"大九州说"。清末外交家薛福成于1890~1891年出使英、法、意、比四国期间撰写了《出使英法义比四国日记》,其中写道:"昔邹衍谈天,……司马子长谓其闳大不经,桓宽、王充并讥其迂怪虚妄。……今则环游地球一周者,不乏其人,其形势方里,皆可核实测算。余始知邹子之说,非尽无稽,或者古人本有此学,邹子从而推阐之,未可知也。"

随着人们对世界认识的深入,邹衍的"大九州说"得到了公正的评价。

五湖四海
古代对湖海水域的认识

"五湖四海"最早没有连用,而是"五湖"、"四海"分说。见《周礼·夏官·职方氏》:"东南曰扬州,……其川三江,其浸五湖。"《尔雅·释地》:"九夷、八狄、七戎、六蛮,谓之四海。"《论语·颜渊》:"四海之内皆兄弟也。"从宋代起,"五湖四海"开始连用。

古代和现代所说的五湖、四海不同。古代的"五湖"、"四海"说,反映了历史上人们对地理范围、湖海水域的一种认识。"五湖四海",今常用来泛指中国各地。

历史上,"五湖"的说法主要有两种,一种认为太湖(在今江苏省)为五湖;一种认为太湖加附近的四湖为五湖。而今天所说的五湖是指鄱阳湖、洞庭湖、太湖、洪泽湖、巢湖,这是中国著名的五大淡水湖。鄱阳湖,古称彭蠡、彭泽,在江西省北部。洞庭湖,在湖南省北部,长江南岸。太湖,在江苏省南部。洪泽湖,在江苏省西部。巢湖,也称焦湖,在安徽省中部。

历史上,"四海"的说法也不同。较早的意义是泛指中国各地。如《荀子》一书说:"四海之内若一家。"后来,随着古人对地理的认识,四海说逐渐有了确切的水体含义,即指环绕中国四周的海,它们是东、南、西、北四海。这样一来,中国也称"海内",其他国家和地区也称"海外"。这种说法一直沿用下来。

中国今天有四海:渤海、黄海、东海和南海,但古今四海所指并不相同。

现在的渤海一片先秦时称北海。《左传·僖公四年》记载,齐国要讨伐楚国,楚王闻讯便派人向齐桓公说:"君处北海,寡人处南海,唯是风马牛不相及也。"汉代渤海西曾置北海郡。

现在的黄海,因处于黄河下游东边,古代称为东海。《孟子·离娄》记载:"太公避纣,居东海之滨。"所说东海即指今山东莒县东的黄海。《越绝书》记载:"句践伐吴,霸关东,徙琅琊,起观台,台周七里,以望东海。"琅琊在今黄海之滨的山东诸城东南。秦汉时,山东郯城及江苏海州一带黄海之滨置东海郡。

现在的东海范围,在古代曾称南海,这是因为先秦时北方诸国把荆楚之地视为南方蛮夷,叫吴越东海一带为南海。由上引《左传》可知,楚王自己也承认楚国地处南海。《史记·秦始皇本纪》记载秦始皇"上会稽,祭大禹,望于南海"。所说南海即指今浙江绍兴东的东海。公元前214年,秦势力越过南岭到达今天的南海边,统一了岭南地区,并在那里设置南海郡,郡治番禺(今属广州市)。所以至迟从秦代开始,古南海位置已相当于今天的南海。

中国东、南两面临海,所以古代东海、南海所指的海区易于确定,但西海、北海就不那么清楚了。《古今图书集成·山川典·海部》概括指出:"从古皆言四海,而西海、北海远莫可寻,传者亦鲜确据。"北海在先秦时指渤海,汉代以后,随着疆土范围的扩大,北海变成指现在的贝加尔湖(位于俄罗斯西伯利亚地区南部)。元代时,科学家郭守敬进行大规模的地理测量,其中北海测点的地理位置就在今贝加尔湖以北的下通古斯卡河下游地区。古代西海的位置也不确定,不同时期指的很不一样。有时指青海湖、博斯腾湖、咸湖、阿拉伯湖、波斯湾,有时甚至指远在西方地区的红海、地中海。

虽然古代四海说的位置、范围不够明确和规范,但它毕竟反映了古人对地理、海区水域的一种主动认识,在当时是有积极意义的。

沧海桑田
古代对海陆变迁的认识

"沧海桑田",指大海变成农田,或农田变成大海,源自东晋葛洪《神仙传》:"王远,字方平,东海人也。……麻姑自说:'接待以来,已见东海三为桑田,向到蓬莱,水又浅于往昔会时略半也,岂将复还为陵陆乎?'"

麻姑、王方平都是神话人物,有异于常人的高龄。葛洪在此是借两人对话,来说明沧桑变迁的地质现象。

在唐代,当时学者对沧海桑田已形成普遍认识。到宋代,有学者尝试对海陆变迁的地质现象作出科学的解释。

沧海桑田,今常用来比喻世事的巨变。

"沧海桑田"的故事并非臆想虚构,事实上是有依据的。故事说王方平是东海人,东海所指相当于今江苏省连云港地区(含东海县),位于黄海沿岸。这里为上升海岸区,又由于黄河历史上曾多次在此入海,故称黄水洋,暗沙浅滩,分布很广,海岸不断向海洋推进,沧海桑田的变化十分明显。

唐代时,学者们对沧海桑田已形成普遍认识。当时江西抚州南城县山上发现有螺蚌壳化石,因而更使人们相信《神仙传》所记的"东海三为桑田"之说。唐大历六年(771年),书法家、政治家颜真卿任抚州刺史,将其亲眼所见,撰写成《抚州南城县麻姑山仙坛记》一文,文中引述了《神仙传》一段话后,接着说:"东北有石崇观,高石中犹有螺蚌壳,或以为桑田所变。……刻金石而志之。"

"沧海桑田"的概念通过高山螺蚌壳化石的存在予以证认,但当时对其成因并未进行探讨,这种科学探讨是从北宋开始的。

1074年,沈括作为朝廷命官,视察北部边防,路过太行山麓,发现螺蚌化石,沈括后在他的《梦溪笔谈》中分析道:

> 予奉使河北,边太行而北,山崖之间,往往衔螺蚌壳及石子如鸟卵者,横亘石壁如带。此乃昔之海滨,今东距海已近千里。所谓大陆者,皆浊泥所湮耳。尧殛鲧于羽山,旧说在东海中,今乃在平陆。凡大河、漳水、滹沱、涿水、桑干之类,悉是浊流。今关、陕以西,水行地中,不减百余尺,其泥岁东流,皆为大陆之土,此理必然。

文中,沈括首先根据高山岩石中存有螺蚌壳以及海滨所有的卵石,来说明高山原为古代的海滨,并提出华北平原皆为泥沙沉积而成。继之,沈括考察华北平原的几条大河泥沙量极高,黄土高原泥土流失十分严重等情况,进一步论证华北平原是淤积平原。

沈括在《梦溪笔谈》中,还谈到对浙江雁荡山的考察,分析了雁荡山的形成原因。沈括说,雁荡山峰"皆包在诸谷中,自岭外望之,都无所见"。然而一进入谷地,就见到山峰耸立,直冲云霄。他指出这种现象的成因"当是为谷中大水冲激,沙土尽去,唯巨石岿然挺立耳"。沈括明确提出流水的侵蚀作用和岩石不如泥土容易被冲蚀是形成雁荡诸峰的原因。

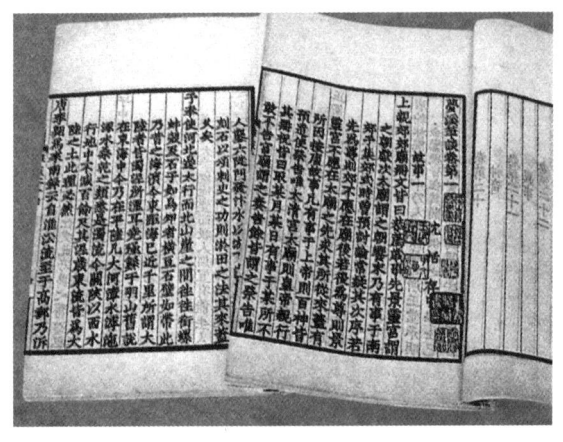

《梦溪笔谈》书影

总之,沈括正是用自然界客观存在的侵蚀、搬运和沉积作用来说明地形高、下可以互变,沧海、桑田可以互变的道理。尽管沈括没有谈到地质内应力的作用,只谈到地质外应力,但其认识在当时已是十分先进了。世界著名科学史家李约瑟高度评价说:"沈括早

雁荡奇秀

在11世纪就已经充分认识到詹姆斯·赫顿在1802年所叙述并成为现代地质学基础的这些概念了。"

南宋朱熹对"沧海桑田"也有精辟论述。他说:"今登高而望,群山皆为波浪之状,便是水泛如此;只不知因什么时凝了,初极软,后来方凝得硬。""尝见高山有螺蚌壳,或生石中。此石即旧日之土,螺蚌即水中之物,下者却变而为高,柔者却变而为刚。"朱熹把山脉起伏与海上波浪形状相比,虽仅属于联想,但这种联想的产生又非偶然,而是受沧海桑田思想启发的。在化石成因和岩石固结上,朱熹的说法显然比沈括明确,从而更好地阐述了沧海桑田的成因机制。朱熹的这段叙述在科学史上有重要意义,正如李约瑟转引美国地质学家葛利普的评价说:"这段话在地质学上的主要意义在于朱熹当时就已经认识到,自从生物的甲壳被埋入海底软泥当中的那一天以来,海底已经逐渐升起而变为高山了。但是直到3世纪以后,亦即一直到达·芬奇的时代,欧洲人还仍然认为,在亚平宁山脉发现甲壳的事实是说明海洋曾一度达到这个水平线。"(参见李约瑟:《中国科学技术史》第5卷,第266~268页,科学出版社,1976年)

由上述可知,我国宋代对沧海桑田——海陆变迁的地质现象所形成的科学认识,在当时是处于世界领先水平的。

海市蜃楼
古代对大气现象的观察和解释

"海市蜃楼"是大气中由于光线的折射(或有全反射)作用而形成的一种自然现象,在汉代称蜃气,见《史记·天官书》:"海旁蜃气象楼台,广野气成宫阙然。"至晋代始有"海市"一词,见伏琛《三齐略记》:"海上蜃气,时结楼台,名海市。"

古人早先在沿海一带看到"海市蜃楼"现象,曾误认为是蜃吐气而成,故名海市蜃楼。后经历代学者长期观察和研究,对早先的说法产生了怀疑,并不断提出一些较合理的解释。对"海市蜃楼"现象的观察和解释,反映出古人探索自然奥秘、积累科学认识的曲折历程。

作为成语,"海市蜃楼"今常用来比喻虚幻的事物。

蜃图

古时人们主要在沿海看到"海市蜃楼"现象。常常是在春夏之际,先见到海面雾气上涌,云脚齐敷海上,之后就见空中显现奇异景观。古人不明白个中道理,认为是一种海生动物——蜃吐气所为,即称海市蜃楼现象为蜃气。蜃在古代多被解释为大蛤,如《礼记·月令》说:"雉入大水为蜃",注说:"大蛤曰蜃"。《古今图书集成》采用此古老说法,并画有《蜃图》,画面中大蛤正露出水面吐蜃气,显现出海市蜃楼幻影。

海市蜃楼是蜃之气所为的说法显然是错误的。在对海市蜃楼现象的研究中,一些有识之士提出了怀疑。北宋元丰八年(1085年),苏轼(东坡)知登州(即今山东蓬莱)军州事,他在《登州海市》诗中写道:

东方云海空复空,群仙出没空明中。
荡摇浮世生万象,岂有贝阙藏珠宫。
心知所见皆幻影,敢以耳目烦神工。
……

与苏东坡同时代的沈括不仅认为海市蜃楼是幻影,而且进一步提出:"登州海中,时有云气,如宫室、台观、城堞、人物、车马、冠盖,历历可见,谓之'海市'。或曰:'蛟蜃之气所为',疑不然也。"(《梦溪笔谈》卷二十一)沈括、苏东坡的大胆怀疑有重要的认识上的作用,他们突破了传统的神秘观点,开始引导人们用大气本身的变化及其引起的光象来解释海市蜃楼的成因。

明、清时,学者郎瑛、陈霆、方以智等人对海市蜃楼现象作了新的探讨,提出了很有价值的见解。郎瑛在《七修类稿》(1530年)中写道:"登州海市,世以为怪,不知有可格之理。第人碍于闻见之不广,故于理有难穷",但"观其所见之地有常,而所见之物亦有常。又独见于春夏之时,是可知也"。《七修类稿》介绍了陕西、浙江、广西也有海市蜃楼现象后,反问:"岂三方所见,亦鬼怪也耶?"郎瑛从海市蜃楼产生的季节、地点、蜃景内容固定来说明海市蜃楼并非鬼怪,其成因并非不可知,而是有规律可以探索。郎瑛提出解释说:"春夏之时,地气发生,则于水下积久之物而不散者,薰蒸以呈其象也。""或新结气空中,遇天地絪缊,则随气以见。"郎瑛说天地间由于地气不散,上下不同的气氤氲交密形成蜃象,基本上是正确的。

明嘉靖十八年(1539年),陈霆对海市蜃楼现象有进一步的科学解释。陈霆在他的《两山墨谈》一书中,提到安丰塘也见海市蜃楼现象,然后指出:"然城郭人马之状,疑塘水浩漫时,为阳焰与地气蒸郁,偶尔变幻。而见者,寡知识遂妄云已耳!"陈霆的解释与郎

敦煌103窟壁画"海市蜃楼"

瑛差不多,但更强调了上下是不同的空气层,上层是热的日光中浮动的尘埃,下层是潮湿的地气,彼此作用变幻,才形成蜃景。郎瑛和陈霆均提出大气层垂直方向上的不均匀性,陈霆特别提到太阳光的作用,尽管二人没有谈及更具体的形成机制,但这两个新概念的提出是一个大的进步。

明清之际著名学者方以智在其著《物理小识》中强调:"海市或以为蜃气,非也。"接着方以智转引张瑶星的记述:"登州镇城署后太平楼,其下即海也。楼前对数岛,海市之起,必由于此。"所说数岛是指与蓬莱遥望相对的庙岛群岛。张瑶星、方以智明确认为,海市蜃楼既非仙山琼阁,又非蜃气所致,而是现实的岛屿、城镇景色在大气不均匀层中的反映。

此后,学者揭暄、游艺进一步阐明了方以智的观点。揭暄注《物理小识》指出:"气映而物见。雾气自涌,即水气上升者,水能照物。故其气清明上升者,亦能照物。"揭暄、游艺在《天经或问后集》中提出:"水在涯涘,倒照人物如镜,水气上升,悬照人物亦如镜。或以为山城海市蜃气,而不知为湿气遥映也。"揭暄、游艺并绘制一幅《山城海市蜃气楼台图》,其所画海市蜃楼正是实际城市景物在大气中的反映。图中还有段注记,可以说是对当时海市蜃楼知识的总结。

用"气映"说来解释上现蜃景是重要的进展。现代光学原理认为,上现蜃景是上层密度较小的空气层好像一面镜子,将远处的景物反射出来而形成。说细些,海市蜃楼现象是光线在大气密度分布有很大差异的情况下,发生全反射与折射的结果。海水蒸发促使大气形成上暖下冷的逆温现象,上现蜃景就是光线在逆温层中产生全反射与折射的结果。揭暄、游艺的"气映"说没有提到光的折射,这是不足之处,但总的说来,它已比较接近现代光学原理了。

从先秦时认为海市蜃楼现象是蜃气所为,到清初"气映"说作出比较合理的解释,其间经历了两千多年,反映了古人探索自然奥秘的求知精神,也表明古代积累科学认识是一个曲折的过程。

万事俱备，只欠东风
诸葛亮的气象知识

"万事俱备，只欠东风"，出自《三国演义》第四十九回《七星坛诸葛祭风 三江口周瑜纵火》。话说曹操率领八十三万人马，浩浩荡荡南下，驻扎于赤壁（今湖北省赤壁市西北赤矶山附近长江北岸），企图消灭东吴。孙权则联合刘备共同抗曹，双方摆开了决战阵势。东吴大将军周瑜看到曹操的战船连成一片，便萌发了火攻曹军的计划。当时已入冬季，天天刮西北风，独不见东南风，火攻难以实现，周瑜为此急得生了病。诸葛亮听说便前去探望，谁知周瑜不肯吐露实情。诸葛亮心中有数，笑说："亮有一方，便教都督气顺。"周瑜求教，诸葛亮便索纸笔，屏退左右，密书十六字曰："欲破曹公，宜用火攻；万事俱备，只欠东风。"

"万事俱备，只欠东风"，今常指办一件事，几乎一切都准备好了，就缺最后的一个关键条件。

《三国演义》故事的下文很有意思。周瑜见诸葛亮已经完全猜到自己的心事,只得服气。诸葛亮称自己有法术,要借三日三夜东南大风,周瑜便叫人搭起七星坛,设坛祭神。诸葛亮一日上坛三次,却不见东南风来。周瑜生疑:"隆冬之时,怎得东南风乎?"等到将近三更时分,忽听风声作响,旗幡转动。周瑜出帐看时,旗带竟飘向西北,霎时东南风大起。曹将程昱一看风向不对,便入告曹操说:"今日东南风起,宜预提防。"曹操笑答:"冬至一阳生,来复之时,安得无东南风?何足为怪!"曹操根本不把东南风放在眼里。周瑜却趁机发兵引火,向曹船猛攻。曹军被烧得焦头烂额,溃不成

诸葛亮巧借东风

军,仓促向西边撤退。过了乌林不久,天又下起倾盆大雨,一直到华容道,沿途都是泥泞积水,残兵败将,十分狼狈。赤壁之战,正是东风助周瑜、诸葛亮实现火攻而获大胜。

诸葛亮为什么能"借"到东风?说来这是他熟知天文、气象知识并结合当地的具体情况,科学地预测出来的。

根据现代气象学知识分析,赤壁之战从第一天初夜长江江面刮起东南大风到第二天早晨从乌林到华容道上的倾盆大雨,是一次低气压天气过程。由气象学知道,地球周围环绕的大气有质量,其作用于地表单位面积上的力,叫做"大气压强",简称气压。在地面天气图上,各地气压高低不一,气压低的地方叫低气压区,简称低压区;气压高的地方叫高气压区,简称高压区。就像水从高处流向低处一样,空气也是从气压高的地方往气压低的地方流动,于是便形成风。在低压区,空气是围绕低压中心以逆时针方向向内流动,所以在低压前部一般吹东到东南风,而在低压后部吹西到西北风,同时,由于空气从周围不断流向低压中心,使低压中心的空气被迫上升,空气升到高空,温度便下降,空气中的水汽也就逐渐凝结成云和雨,故低压区内多是阴雨天气。

有了这些知识,我们再来看火烧赤壁前后的风云变幻。当天夜里,赤壁正受到由西向东移动的低压区影响,所以刮起东南风。乌林、华容道一带在赤壁西北方向,处于低压之中,进入雨区范围,所以下起了倾盆大雨。

诸葛亮上观天文气象，下察阴阳地理，通过长期的云天观测，对冬季长江流域的低压活动了如指掌。曹操长期生活于北方，只了解一般的天气规律，哪想到长江冬季刮东南风呢？相比之下，诸葛亮就高明得多了。

橘化为枳

古代植物的地理分布

"橘化为枳"（或"橘枳淮分"、"南橘北枳"），出自先秦古籍《考工记》记载："橘逾淮而北为枳……此地气然也。"原意是，橘树移植到淮河以北，就变为枳，这是因为水土不同造成的。类似内容也见《晏子春秋》、《列子》记载。

"橘化为枳"在《考工记》中作为常识引用，可知在先秦时代已流传多时，它反映了古人对"植物地理分布界线"的一些认识。

后人以"橘化为枳"比喻由于环境条件不同的影响使物或人的品质变坏。

中国地域广阔，各地生态环境千差万别，生物分布随之不同。在《山海经》、《禹贡》等先秦古籍中有许多描述。

今人是把秦岭、淮河作为暖温带和亚热带生物分布的界线;而《考工记》的作者,由于活动范围有限,是以淮河、济水、汶水为界来讲生物的南北分布的。

橘与枳,在现代植物分类学上是同科(芸香科)的植物。"橘"是如今常供食用的柑橘类水果;"枳",又名枸橘,是淮河流域、黄河南岸野外生长的植物,木如橘而小,高五至七尺,叶多刺,果小味酸,不能食用,但可入药。

古今人们对"橘逾淮而枳"有不同的解释。宋朝车清臣著《脚气集》卷下说:"江南人有接树之法,以橘枝接枳,枳遂为橘,其核不变,再种则复为枳矣。"今人杨文衡认为这种解释有一定道理,他分

枳

析说:"因为枳是耐寒砧木,……将橘嫁接在枳上,得杂交橘。这种杂交橘仍保持着枳的遗传特性,再种则复为枳。人们最初不懂得这个道理,认为橘逾淮就变为枳了。"(参见杨文衡:《对我国古代生物地理分布知识的初步探讨》,《科学史集刊》第10辑)如果这种说法成立,"橘逾淮而枳"就是我国在园艺方面对植物施行嫁接的早期史料。农史学家夏纬瑛先生则认为:"橘逾淮而枳","反映了古人对于动植物之有水土性的认识,不应当是反映植物嫁接的问题。""橘和枳既是同科的植物,它们在形态上有其相近之处,容易被人视为一类的东西。"(参见夏纬瑛:《〈周礼〉书中有关农业条文的解释·橘逾淮而北为枳》,农业出版社,1981年,第99页)

虽然各家理解上有不同,但可以肯定,古人至少懂得柑橘不能过淮,淮河相当于一条"植物地理分布界线"。《晏子春秋·内篇杂下》有一段记述说,齐相晏婴出使楚国,楚王设宴款待。席间,楚兵士捆绑一人进来。楚王假装问:"缚者曷为者也?"对曰:"齐人也。坐盗。"楚王有些嘲弄地问晏子:"齐人固善盗乎?"晏婴避席,沉稳地回答:"婴闻之,橘生淮南则为橘,生于淮北则为枳,叶徒相似,其实味不同,所以然者何?水土异也!今民生长于齐不盗,入楚则盗,得无楚之水土使民善盗耶?"晏婴以"橘逾淮而枳"为例,引发出"得无楚之水土使民善盗耶",是为了维护齐国尊严,回答楚王侮辱性的发问所作的巧妙反诘。但也由此看出,"橘生淮南"之类作为春秋战国间流行的谚语,已是一般人的常识了。

因地制宜

古代农业生产中的重要指导思想

因地制宜,原意是根据土地的实际情况栽植适宜的树木,专指农作物种植要合乎天时地利,根据各地实际情况种植,原文"制"通"植"。出自《吴越春秋·阖闾内传》:"夫筑城郭,立仓库,因地制宜,岂有天气之数以威邻国者乎?"

在古代,"因地制宜"初始的含义比较窄,它明确反映的是,对土壤与农作物适应关系的认识,对土地与农业多种经营关系的认识。

"因地制宜"如今也指根据现实情况制定合适的办法。

"因地制宜"在古代最早的表述又叫"地宜"(或"土宜"),"因地制宜"或"地宜"说,是中国古代农业生产中的一个重要指导思想。

古人在长期的农耕实践中,逐步形成了"地宜"、"土宜"的观念。至春秋战国时期,学者们在著作中有明确论述。如《管子·立政》说:"相高下,视肥硗,观地宜,……使五谷桑麻,皆安其处,由田之事也。"《左传·成公二年》说:"先王疆理天下,物土之宜而布其利。"《周礼·夏官·土方氏》亦有"土宜"的记载,据东汉郑玄的解释:"土宜,谓九谷稙稚所宜也。"这和《管子》所说是一致的,都是要求根据地势高下、土壤种类来安排农作物的种植。

《管子·地员》对土壤分类、土地与植物的关系有较详细的论述,被认为是中国最早的有关生态植物学的著作。

《地员》篇的前半部分,根据土壤与植物生长的规律,按照地势高低和地下水位把土地分为平原、丘陵和山地三大类二十种。每隔一"施"(即七尺)为一种。以平原为例,分为五种土壤,依次为息土、赤垆、黄唐、斥埴、黑埴。

《地员》篇的后半部分论述了"九州之土",根据土壤肥力将之分成上土、中土、下土三等,每一等再分六类(共计十八类)。十八类土壤又根据颜色赤、青、白、黑、黄而分成五个土种,共计九十种,即所谓"九州之土,为九十物"。十八类土,每类土都列举了两个适宜种植的谷类作物品种。可以说,《地员》篇划分土壤的标准是从土壤肥力出发,再根据土壤颜色、质地,并考虑到地势、水文、植被种类等情况确定的。

《地员》篇还在对土壤进行分类的基础上,根据对植物垂直分布的观察,得出"凡草土之道,各有谷造。或高或下,各有草土"的重要结论。所谓"草土之道",是指"植物与土地相互关联的道理","谷造"意为"次第"。引文的意思是说,植物与土地之间有密切的关系,土地高低不同,生长的植物也不一样。《地员》篇中列举了十二种生长于不同地势的植物,分别是:叶、藆、苋、蒲、苇、蓷、萎、荓、萧、薜、萑、茅。书中说:"凡彼草物,有十二衰,各有所归。"据农史专家研究,叶即荷;藆即今之菱;苋即莞(水葱);蒲即香蒲;苇即芦苇;蓷即旱生的苇;萎即萎蒿;荓即扫帚菜;萧即艾;薜即莎草之属;萑即益母草;茅即白茅。它们生长的次序自叶(荷)开始,逐步由水生转向陆生,具体地反映了植物生长与地面高度的关系。

《管子·地员》关于小地区内植物垂直分布的示意图

《地员》篇通过对土壤分类及不同植物的分布描述,表明了一个事实,即由于不同的环境条件,一定的土壤有一定的植被,彼此依存,形成特有的生态系统,这就为因地制宜发展农业生产提供了理论依据。

"因地制宜"的含义,在春秋战国时逐步扩大到包括各类土地的合理利用及农业多种经营上。如《礼记·月令·孟春之月》说:"王命布农事……善相丘陵、阪险、原隰、土地所宜,五谷所殖,以教道民。"可知这里已不仅指因地种植,已明确反映了合理利用各类土地全面发展农林牧渔生产的思想。

秦汉以后,因地制宜更被认为是一项指导农业生产的重要原则。农书中多有专篇加以论述。如宋代陈旉在他的《农书》中列有《地势之宜篇》,写道:"山川原隰,江湖薮泽,其高下之势既异,则寒燠肥瘠各不同。……故治之各有宜也。"意思是说,对待不同的地形条件,在利用和治理的方法上也应有所不同。陈旉特别强调地势的差异,即要根据不同的地势,合理种植,为使"高田""下地","咸得其宜"。元代王祯著《农书》,其中一篇叫《地利篇》。该篇首先叙述了以"土宜"教民的历史,说《禹贡》"九州之内,田各有等,土各有产,山川阻隔,风气不同,凡物之种,各有所宜",并说我国"江淮以北,高田平旷,所种宜黍稷等稼;江淮以南,下土涂泥,所种宜稻秫"。讲到"善农者",都要了解"方域田壤之异,以分其类,参土化土会之法,以辨其种"。《地利篇》的中心思想在于说明搞农业生产,必须懂得因地制宜,才能收到良好的效益。

可以说,"因地制宜"在农业方面的基本内涵两千多年来一直没变,今天,我们仍要强调因地制宜发展农业生产,在某种意义上还需要充实和深化。

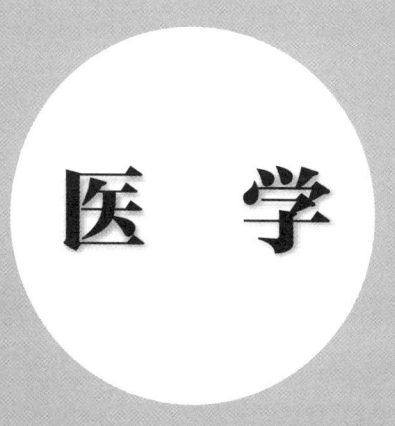

医　学

岐黄之术

中国传统医学的基础理论

"岐黄"指岐伯与黄帝,相传黄帝与他最亲近的大臣岐伯一道创立了医学。据《内经·序》记载:"岐伯为黄帝之臣。帝师之,问医,著为《素问》、《灵枢》,总为《内经》十八卷。"就是说,黄帝咨询岐伯而作《内经》,所以后世又称中国传统医学为"岐黄之术"。

中国传统医学是先民同大自然斗争以求生存的产物,是祖先智慧与心血的结晶,有自己完整而严密的理论体系。透过神话传说的层层迷雾,借助古代医学文献研究,可以看清中国传统医学从萌生到形成的发展过程。

《黄帝内经》,简称《内经》,是中国现存最早的中医基础理论著作,被列为中医四大经典之首。它的出现标志着中国中医理论体系的形成。《内经》以其庞大的体制结构、精深的思想内容,在中国医学史上产生了深远的影响。

《内经》的内容,是以黄帝同臣子岐伯、雷公等问答讨论的形式进行论述,之所以托名黄帝,主要原因是受尊古之风的影响。《内经》的作者不详,大抵非一时一人之作,其主要部分约成书于战国时期,又经秦、汉时期增补修改,逐步充实丰富起来。

《内经》包括《素问》与《灵枢》两大部分,每部分各有81篇。其内容大致可归纳为10个方面:阴阳五行学说、藏象学说、精气学说、经络学说、病因病机学说、病症学说、诊法学说、治则学说、养生学说和运气学说。

阴阳学说和五行学说是中国古代重要的哲学思想,其形成经历了长期的发展过程。《内经》在引入原始阴阳说和五行说时,把两者紧密结合起来,形成了《内经》所特有的"阴阳五行学说",成为中医基本理论的主要内容之一。

《内经》指出,一旦人体的阴阳关系失调,正常的平衡状态遭到破坏,就会导致阴阳的偏盛偏衰而引起疾病发生。

《内经》的阴阳学说运用对立统一的观点,创立了人体内外环境是一个统一整体的学说,确立了生命就是对立运动的正确论点,对中医学的发展起了极其重要的作用。

五行学说认为,世界上一切事物都是由木、火、土、金、水五种属性的基本物质生成的,这五种基本物质的运动变化,构成了整个

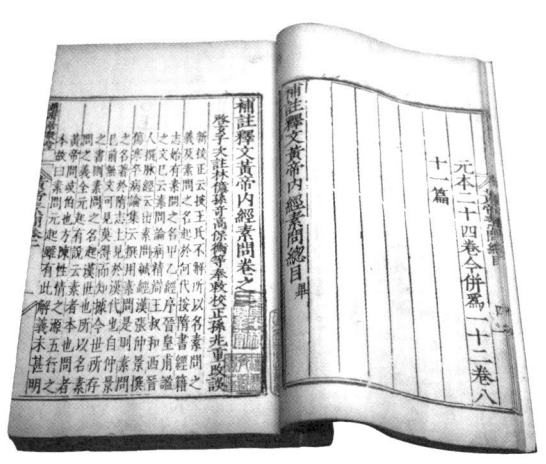

《黄帝内经·素问》书影

物质世界。五行学说与阴阳学说结合,渗透到医学领域中后,则主要阐述了人体脏腑的功能活动,以及与自然界有关事物之间相互联系的法则。

《内经》运用五行学说,将自然界中千变万化的事物和现象,包括人体在内的各种脏腑组织、器官,采用取类比象的方法,按其不同的性能、作用等来推演和归属事物的五行属性。并用以解释和说明人体在生命运动过程中相互联系、相互制约的关系。

《内经》中蕴含的古代唯物主义哲学思想,成为中国传统医学的一个鲜明特色。

有学者将《黄帝内经》与古希腊的《希波克拉底文集》进行比较,发现《内经》中的一些重要思想和方法是《希波克拉底文集》所没有的。

例如,《内经》的脉学是世界医学史上最具特色的一章,是中国医学对世界医学的伟大贡献之一。《内经》研究脉象,仍然是以阴阳哲学思想为指导。以阴阳论脉象,则去时为阴,来时为阳。脉搏安静不躁动者为阴,躁动不安者为阳;脉来迟缓者为阴,脉来快速者为阳。中国传统医学诊断疾病,除了望、闻、问之外,就是切脉及切按有关部位。所以《素问·阴阳应象大论》说:"善诊者,察色按脉,先别阴阳。"阴阳运动的规律,是大自然最普遍最一般的法则,掌握了阴阳运动的规律,则可知脉之大小滑涩浮沉、五脏之虚实、经络之变化、气血之盛衰、形体之强弱。

《内经》对人体经络系统的发现也是对世界医学发展最大的贡献之一。《内经》对经络系统的发现和对于经络系统的理论阐发,有机地将人体表里内外、脏腑气血、阴阳上下、皮毛肌肉、四肢百骸连成一体。通过经络的网络结构及其运行气血的功能作用,沟通了机体的生理,在病理上则能通过经络反映出脏腑气血功能的变化。《内经》关于经络系统的一系列理论阐述,客观地反映了人体的整体统一性。经络系统的发现丰富了《内经》的思想,其有关理论形成了《内经》理论体系的重要部分。

《内经》对针灸疗法的记述具有重要地位。《内经》经过长期的研究和实践证实了人体存在着一个经络系统,以及在经络循行的路线上,存在着一些对于外部刺激特别敏感的点,当在这些点上施以针刺、艾灸等刺激后,机体的局部气血运行和整体的阴阳运动会发生明显的变化，从而可以取得治疗疾病的效果。在被刺激部位会产生特殊的酸、麻、胀、热等感觉，《内经》将这种感觉称为"得气"，将这样的刺激敏感点称为"气穴"。

《内经》的针灸疗法在当时已经非常完备，在约三千年的发展过程中，除发现了一些新的穴位，及采用一些现代科技手段对针刺疗法进行研究改革之外，到现今为止，全世界的针灸疗法在一些原则上还没有超出《内经》所提出的范围，由此可见其成就及生命力的强大。

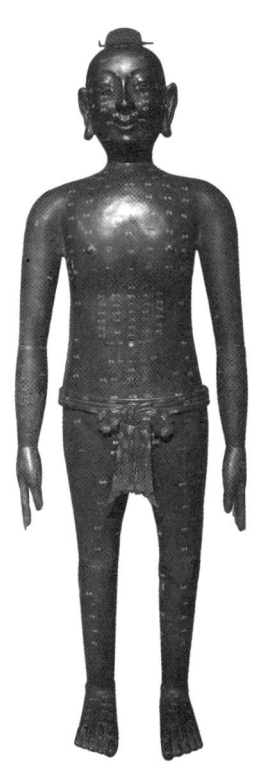

天津科技馆中的宋针灸铜人

在《黄帝内经》之后，还出现了许多重要的医学著作，如东汉张仲景的《伤寒杂病论》、东晋葛洪的《肘后方》、唐代孙思邈的《千金方》等；药学方面如南朝陶弘景的《本草经集注》、明代李时珍的《本草纲目》等，这些著作共同构成了中国传统医学的完备体系。

吐故纳新

古代的运动养生学

"吐故纳新",源自《庄子·刻意》:"吹呴呼吸,吐故纳新,熊经鸟申,为寿而已矣。"

庄子的意思是,人通过口、鼻吐出浊气,吸进新鲜氧气。模仿动物动作(如熊吊树枝、鸟伸颈伸腿)和锻炼,可以使人健康长寿。

中国历史上有关养生的论述不绝于书,注意吸取其精华,剔除其糟粕,对今天的保健、预防医学研究,使人们以良好的身心状态生活和工作有积极的意义。

"吐故纳新"后多比喻扬弃旧的,吸收新的。

先秦时期的思想家对养生已有论述。《道德经》第十六章说:"致虚极,守静笃。"《庄子·在宥》说:"无视无听,抱神以静,形将自正。必静必清，无劳女形，无摇女精，乃可以长生。"老庄意在提倡虚静无为的养生之道。

庄子对气功养生有较深切的理解。《庄子·刻意》指出："吹呴呼吸，吐故纳新，熊经鸟申，为寿而已矣。""吹呴呼吸"，是说深长的呼吸；"吐故纳新"是说通过深长的呼吸促进血液循环，达到加强新陈代谢的作用；"熊经鸟申（伸）"指做气功的姿态。长沙马王堆汉墓出土帛画《导引图》中，有"信"之说，"信"即"伸"，弯腰而两手俯地，像鸟那样把头颈上伸，即描写"鸟伸"的导引法；还有"熊经"之说，直立而双臂向前凌空环抱，像熊那样动摇腰身，就是描写"熊经"的导引法。

《管子》中的《内业》篇，对老庄的虚静无为养生有理论阐述。《内业》篇把"静"与留住精气、获得精气联系在一起，用精气说对静与养生的关系作了说明。并且主张节制七情六欲，强调适度饮食以及提出气功锻炼的基本要领。有学者认为，《管子·内业》篇是中国古代最早的系统养生学专论（参见乐爱国：《〈管子·内业〉篇新探》，《管子学刊》1992年第4期）。

《黄帝内经》是我国历史上第一部伟大的医学著作，同时也是一部精彩的养生著作。书中十分重视天人合一的养生方法。《灵枢·本神》指出："故智者之养生也，必顺四时而适寒暑，和喜怒而安居处，节阴阳而调刚柔。如是，则僻邪不至，长生久视。"又见《素问·上古天真论》："淳德全道，和于阴阳，调于四时，去世离俗，……此

长沙马王堆汉墓出土帛画《导引图》复原图

盖益其寿命而强者也。"这段记载，可以说是《黄帝内经》对养生的高度概括。

东汉末年，名医华佗特别重视适度运动对促进健康和预防疾病的积极作用。华佗对弟子说：人应该运动，但不能过度；运动可以帮助消化，流通血脉，预防疾病，就像门户的转轴不会朽烂是一个道理。为此，华佗根据古代的导引法，创造了一种养生运动——五禽戏，即模仿虎、鹿、熊、猨（猿）、鸟五种动物的各种姿态来锻炼身体。当身体稍有不适时，便做一套五禽戏，直到出汗为止，再扑以干粉使身体干燥。这样，身体感觉就清爽多了。

五禽戏

隋唐时期，我国养生学继汉魏六朝糅合道家长生术，又引进了佛家的禅定、天竺按摩等法。这一时期对养生学有重要贡献者当推孙思邈。孙思邈是唐代著名医学家和医药家，也是我国历史上不多的年逾百岁的老人之一，因此他论述养生延年术更具说服力。孙思邈的学说特点是把庄子学说中"吐故纳新"所发展而成的"静功"，与古代熊经鸱引而经华佗加以发展的"流水不腐，户枢不蠹"思想的"动功"结合起来，并辅之以食疗、食养和讲究个人卫生、环境卫生等，从而将养生之道和防治老年病以及延年益寿的学说大大向前推进了一步。

今天，随着现代医学的发展，对中国古代的养生知识有了新的更深入的认识。无疑，长生有术，养生有道。吸取古代养生中的有益内容为现代保健、预防医学所用，对人类社会必有积极的作用。

起死回生
中国名医望诊术

"起死回生",原指使"死人"死而复生。据《史记》记载,名医扁鹊路过虢国,听说虢太子暴病猝死,便向太子的属官中庶子询问病情。听了中庶子的回答,扁鹊判定太子并非真死,而是患了一种假死的"尸蹶"症(类似于今说的休克)。对于扁鹊的诊断,中庶子始表怀疑,既而惊服。扁鹊令弟子子阳用针刺为虢太子治疗,人子很快苏醒。扁鹊又让弟子子豹用五分之熨和八减之剂,交替敷熨太子两胁,太子便能坐起。又经服药二十天,太子完全恢复了健康。后世传颂的"起死回生"典故,源出于此。

"起死回生"今多用来形容医术高明或比喻能力超群,可将毫无希望的情势扭转过来。

扁鹊是我国先秦时期的著名医学家,其生平事迹详见《史记·扁鹊仓公列传》。此外,在《战国策》《韩非子》《列子》《韩诗外传》等古书中,也有片断记载。按《史记》所载,"扁鹊者,渤海郡郑人也,姓秦氏,名越人",即今河北任丘人;按《难经》序文"家于卢国,因命之曰卢医也",则为今山东济南市长清区一带人。参照扁鹊遗迹考证,以后一说法更合理(参见丁鉴塘:《扁鹊遗迹辑略》,《中华医史杂志》1981年第4期)。扁鹊大约生活于公元前5世纪,年轻时做过经营旅店的"舍长"。舍客中有个叫长桑君的老人擅长医术,扁鹊便跟从他习医。学成之后,又长期在民间行医,足迹遍及当时的齐、赵、卫、郑、秦诸国。扁鹊的医疗经验丰富,编撰过几种医学著作。据《汉书·艺文志》记载,有《扁鹊内经》九卷,《扁鹊外经》十二卷,可惜都已失传。

  扁鹊精通望、闻、问、切四诊,尤以望诊和切脉著称。《史记》记载,扁鹊晋见齐桓侯,一望脸色,便知有病,但病情尚浅,只在体表腠理部位。扁鹊劝桓侯治疗,不然"不治将深"。桓侯自我感觉良好,听不进扁鹊的话。不久,扁鹊又晋见桓侯,望诊病位已入血脉,再次劝说治疗。桓侯仍不觉察,并以为扁鹊炫耀,有个人企图。扁鹊第三次晋见桓侯,望诊病位已进入内部肠胃,再不抓紧,将丧失治愈机会。桓侯大为不悦。最后一次,扁鹊判断桓侯病情危重,已进入骨髓深处,无法救治了。果不出所料,桓侯不久发病,终于不治而死。此病例说明扁鹊当时已能很好地应用望诊,而且诊断水

四诊

平相当高。

扁鹊的切脉诊断法也很突出,诊断赵简子就是一例。赵简子病重昏迷,"五日不知人",赵国的大夫们惊慌失措。扁鹊经过切脉后判断说:"血脉治也,而何怪!……不出三日必间,间必有言也。"经扁鹊治疗,两天半后,赵简子果然苏醒。

扁鹊是一位内、外、妇、儿各科兼长的医生,而且能根据各地群众的需求行医。他到邯郸,听说当地重视妇女,便充任"带下医"(妇科);经过洛阳,得知当地尊敬老人,而老人患耳聋、眼花、肢体麻痹等病的较多,于是就做起"耳目痹医"(五官科);进入咸阳,因秦国人喜爱小孩,他又成为"小儿医"(儿科)。扁鹊治病的方法多种多样,不仅善用汤药,还用砭法、针灸、按摩、熨帖及手术疗法等。

汉画像石中的人面鸟身扁鹊针灸形象

扁鹊是一位朴素的唯物主义者,一生坚持与巫神作斗争。他路过虢国时,看到四处有人在为生病的虢太子祈祷,与愿相违的是,虢太子"暴蹶而死"。最后还是扁鹊凭精湛医术把虢太子抢救过来。这是医学战胜巫术的一个范例。司马迁在《史记》中特别提到扁鹊"病有六不治",最后一条是:"信巫不信医,六不治也。"这实际上是对扁鹊反对巫神迷信的唯物主义思想作了最好的概括和总结。扁鹊治病严肃认真,从不炫耀声名。当他治好虢太子的病,人们称赞他有起死回生之术时,扁鹊却质朴地回答:"越人非能生死人也,此自当生者,越人能使之起耳。"这里既表现了扁鹊实事求是的科学态度,也反映了他谦虚谨慎的美德,这是足以垂范于后人的。

扁鹊医术高超,技艺专精,不想因此遭到秦国太医令李醯的嫉妒。李醯竟然下毒手,派刺客将扁鹊谋害于行医途中。

扁鹊对中华医学的重大贡献是不可磨灭的。两千多年来,扁鹊一直受到世人的怀念和敬仰,有关扁鹊的许多带有神奇色彩的治病救人故事也广为传颂。

对症下药

华佗的医术

"对症下药"出自名医华佗的故事。《三国志·魏书·华佗传》记载:一次,府吏倪寻和李延一起找华佗看病,两人都患头痛发热,感觉相同。而华佗经过仔细诊断,给倪寻开了泻药,给李延开了发汗药。在旁的人迷惑不解,便向华佗请教。华佗说:倪寻是内实(伤食),李延是外实(感冒),病症相同,实病源有别,所以开的药就不同。倪、李二人服药后,病很快好了。后人根据这个故事,便把华佗的治病之法称为"对症下药"。

"对症下药"后又超越医学范围流传,常用于比喻针对具体情况,采取相应的解决问题的办法。

华佗,又名旉,字元化,东汉末年沛国谯县(今安徽亳州)人,约生于公元2世纪初叶,死于公元208年。华佗年轻时曾游学于徐州一带,通晓各种经书,喜爱医术和养生之学。年长后医学知识积累丰富,通晓内、外、妇、儿、针灸等科,尤精于外科、针灸和医疗体育。华佗多次谢绝朝廷命他做官的征召,长期坚持在民间行医,深受群众的推崇和爱戴。晚年他被曹操召请去治病,当时曹操患有"头风眩"(有人解释为三叉神经痛),以前屡治不效,华佗施行针刺疗法,疼痛立止。曹操强留华佗做他的侍医。华佗不慕名利,当然不愿以自己的医术为曹操一人服务,便托辞归家,并以妻子有病为由,几次延期不返。曹操大怒,派人查访,华佗被捕,惨遭杀害。据史书记载,华佗临终前,拿出一卷医书交给狱吏,告知是可以活人的书,狱吏恐受到牵连而不敢接受,华佗也不勉强,即取火烧毁了。因此,华佗的著作未曾流传下来。

华佗像

华佗对医学的贡献最突出的是创用麻沸散和精于外科手术。为了减轻和消除病人的剧烈疼痛,使手术能够顺利进行,华佗仔细研究了一些有麻醉作用的药物。他从人喝多了酒会醉这一现象得到启发,发明了一种全身麻醉剂——麻沸散。据记载，华佗对于那种扎针、吃药治不好的疾病，有时候就用手术治疗。手术前，先让病人用酒冲服麻沸散，待病人全身麻醉失去知觉后，再用刀剖开腹、背，割去"积聚"（类似肿瘤）。若是病在肠、胃，就把肠、胃切开，除去疾秽，既而缝合，再在切口处敷上药膏，四五天后伤口就能愈合，一个月左右就可以恢复，行动如常。华佗的这种全身麻醉手术，在中国医学史上是空前的，在世界医学史上也是罕见的。

华佗所创制的酒服麻沸散，后来失传。传说处方是由曼陀罗花（也叫洋金花、风茄花）一斤，生草乌、香白、当归、川芎各四钱，天南星一钱，共六味药组成。另一说法是由羊踯躅三钱、茉莉花根一钱、当归三两、菖蒲三分组成。这两个处方中的曼陀罗花、草乌、羊踯躅等确实有镇痛、麻醉的效用。但是据后人考证，这些都不是华佗的原始处方。麻沸散药物的组成，至今仍是一个未解之谜。

华佗不仅精于外科，在内科诊断方面医术也很高明。他善于察言望色，根据病人的面目、行色、病症来判断疾病的轻重和能否治疗。《后汉书》《三国志》里记载了不少他这方面的故事。例如一次在盐渎酒店里，有几个人正在喝酒。华佗仔细观察了其中一个叫严昕的人，对他说："君有急病见于面，莫多饮酒。"后来严昕从酒店出来，没走多远，突然头晕目眩掉下车来，很快就死了。华佗还善于透过现象，抓住本质，根据不同情况，辨证施治，上面讲的"对症下药"的故事就是这方面的典型例子。

华佗施行剖腹手术

华佗对妇科、儿科也很有研究,《后汉书·华佗传》记载有一典型病例。李将军的妻子生病,请华佗医治。华佗根据脉象,断定那位妇人是孕期受伤,胎儿未下引起。李将军说,孕期受伤是事实,但是胎儿已经生下。过了一百多天,妇人的病情转重,只好把华佗再次请来。华佗经过诊察后说:"脉理如前,是两胎,先生者去血多,故后儿不得出也。胎既已死,血脉不复归。"于是给病人扎针,喝药,不一会儿,妇人就有了腹痛欲产的感觉,但是仍然没有生下来。华佗说:"死胎枯燥,势不自生。"意思是死胎已经干枯,不能自己生下来。华佗便告诉一个妇人探取的方法,果然取出一个变黑了的死胎,挽救了妇人的生命。

华佗对我国医学的发展有着重大的贡献,并且品德高尚,千百年来一直为我国医学家所称颂,他也受到西方医学界人士的重视。

杏林春满

传统医学与医德的最高境界

"杏林春满"出自东晋葛洪《神仙传》:"君异居山间,为人治病,不取钱物,使人重病愈者,使栽杏五株,轻者一株,如此数年,计得十万余株,郁然成林。"

后人常用"杏林"来比喻与医术、治病有关的医学伦理,用"杏林春满"、"杏林春暖"等语来称颂医生的高超医术和高尚品德。

董奉,字君异,今福建闽侯人。约生活于公元3世纪,是三国时代的一位杰出医学家,其生平事迹富有传奇色彩。有许多史书记述了董奉精湛的医术和高尚的品德,甚至古代有百姓和医者将董奉尊为"神仙"。

董奉精通医理,医术出众,特别是对一些危重病人的抢救和治疗,常有惊人疗效。一次,交州刺史士燮由于食物中毒,昏迷不醒,危在旦夕,虽经多位医生救治,仍未苏醒。听说董奉行医路经交州，士燮家人便恳请董奉医治。董奉认真诊断，然后投病人口中药丸三粒，以水含之，捧病人的两腮摇动，药化而吞咽。约一时许，士燮的手脚便能动，双目张开，面色也渐渐恢复，半日后能起坐，四日后说话即正常。士燮病愈，对董奉礼待有加，以优厚条件挽留，而董奉婉言谢绝，继续上路行医。最后只身来到江西庐山，于山中建草屋居住，与大自然相融。

庐山有一位患严重皮肤病的人，许多医生嫌其脏穷，不愿医治。董奉却热情接待了这位病人，先是让猫和狗用舌头舐吸病人的溃烂皮肤，然后再用药水蘸洗。病人因严重溃烂，非常疼痛。经过几次治疗，疼痛便止住。董奉告诉病人，二十日后皮肤会新生。后果真如此。由于董奉的医术高明，求看病的人很多，时时应接不暇。董奉尽己所能，以为百姓解除病患为最大快事。

董奉不仅医术高超，更可贵的是他为病人治疗不取分文报酬。他对求治的病人，不论病之轻重，从不拒绝，但却有一个特殊要求，这就是重病者被治愈，则要在他的住处种五株杏树；轻病者被治愈，则要种一株杏树。就这样，多年之后，董奉的房前屋后，杏树蔚然成林。每当春天来到，杏花盛开，春色满园。待杏黄成熟，果实累累，景色更为迷人，加之园内有飞禽走兽，游戏其间，董奉自居杏林之中，真有仙境之感。

每年杏熟时节，董奉还在林中设一器具于仓库中，张榜宣示，有欲买杏者，可按规定，一器谷，一器杏，自行取走，不必通报。通

杭州广兴堂国医馆中医药陈列馆

过这种方式,董奉每年都换取到大量粮食,除自己食用一小部分外,其他全用于救助贫困老人和儿童。

董奉以高超的医术和高尚的品德,解除了无数病人的痛苦,也救济了无数贫困者,在民间留下世代相传的佳话。因此,人们对治愈自己或亲属病痛的医师表示尊敬和感谢时,便往往联想到历史上的杏林故事,赠送匾额或锦旗时,要请书法家书写"杏林春满"或"杏林春暖"几个大字,借以比喻和表彰医生的医术和医德。这既是对医生的称颂,也含有人们对董奉的永世敬仰之情。

以毒攻毒
古代预防天花的接种术

"以毒攻毒",见南宋罗泌《路史·有巢氏》:"而劫瘤攻积,巴菽殂葛,犹不得而后之,以毒攻毒,有至仁焉。"意思是指用含有毒性的药物治疗毒疮等恶性病。

"以毒攻毒"作为一种治疗方法,在中国古代医学中早有运用,如用乌喙(中药附子的别称。附子的叶茎有毒,根部尤甚)治疗痈疽,涂狂犬脑浆预防狂犬病,服用恙虫末预防恙虫病等。而"以毒攻毒"最成功的应用是人痘接种预防天花,这是中国对世界人类保健的一项伟大贡献。可以说,没有中国人痘接种术的发明,就不会有英国医生琴纳牛痘接种术的发明,也就不会有1979年10月26日世界卫生组织宣布全球消灭天花的事件。

"以毒攻毒"今也比喻用不良事物本身的特点、弊端来对付不良事物。

"以毒攻毒"的治疗思想在中国产生较早,古医书中不乏这方面的记载。如公元4世纪初,东晋葛洪所著《肘后方》书中,就明确记载有预防狂犬病的方法。具体是:把咬人的狂犬杀掉,将狂犬脑浆敷贴于被咬者的伤口,由此可防治狂犬病。隋代巢元方等人编著的《诸病源候论》中记载有射工病(与现代医学的恙虫病、斑疹伤寒相似)的防治方法:"若得此病毒,仍以为屑,渐服之。"即是说,用恙虫研的碎末做药物服用预防。唐代孙思邈创建了用病人生疮的脓汁、血汁,以小刀接种于健康皮肤下以防治疖病的方法。虽然以上方法在操作和实际效果上还有些问题,但其治疗思想是十分可贵的。

"以毒攻毒"治疗思想的进一步应用,便促使创造了预防烈性传染病天花的方法。

天花约从公元1世纪传入中国。因为是由战争中的俘虏带来的,所以又叫"虏疮"。以后中医书上有不少别称,如叫"天行斑疮"、"豌豆疮"、"疱疮"、"痘疮"等。天花到15世纪甚为猖獗,不仅百姓深受其害,甚至统治者也不能幸免。据说清朝顺治皇帝就是因出天花死去的。

在长期医治天花的实践中,约到16世纪下半叶,中国人终于发明了预防天花的办法——人痘接种法,由此在人类预防医学史上揭开了新的一页。据史书记载,当时已特设痘疹专科,有专职医生。1681年,清政府曾专差迎请江西痘医张琰,为清王子和旗人

(贵族)种痘。据张琰在1741年所著的《种痘新书》中说:"种痘者八九千人,其莫救者,不过二三十耳。"如张琰所说,只有约千分之三不成功,可见种痘术在18世纪中期已达到相当高的水平。

中国发明的种痘术,先后有过几种方法,主要有:

1. 痘衣法。把得了痘疮的儿童的衬衣,给被接种的人穿上,使此人感染。

2. 痘浆法。用棉花蘸染痘疮浆,塞入被接种儿童的鼻孔里,使该儿童感染。

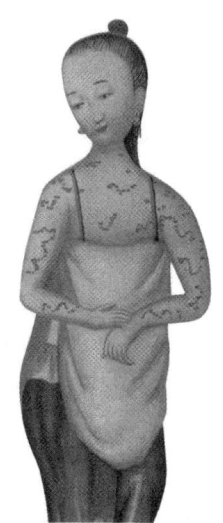

18世纪一位天花患者的画像

3. 旱苗法。把痘痂阴干研细,用银管吹到被接种儿童的鼻孔里。

4. 水苗法。把痘痂研细并用水调匀,用棉花蘸染,塞到被接种儿童的鼻孔里。

上述四种方法,痘衣法和痘浆法比较原始,旱苗法把痘痂作为痘苗,在方法上已大大改进;而水苗法比旱苗法更加进步。自从旱苗法和水苗法发展以后,对痘苗的储存也很讲究。把脱落的痘痂用乌金纸包好,紧封在干净的瓷瓶中,用时取出,加清水研成浆糊,用新棉花蘸染,捻成枣核大小,塞入鼻孔。

痘苗最初是用天花的痂,这叫做"时苗",实际上就是用人工方法感染天花,所以危险性比较大。后来改用经过接种多次的痘痂作疫苗,叫"熟苗",熟苗的毒性已减,接种后比较安全。清代朱奕梁著《种痘心法》中说:"选时苗之顺者,取其痂以为苗,即为时苗。""若时苗能连种七次,精加选炼,即为熟苗。"由这段文字可见,当时在人痘苗选种培育上已完全符合现代疫苗制取的科学原理了。

中国古代人痘接种

17世纪,中国的种痘术不仅在本土推广,而且逐渐传播到海外。1688年,俄国首先派医生到北京学习种痘,此后又由俄国传入土耳其和北欧国家。1718年,英国驻土耳其大使蒙塔古的夫人让她的孩子种上痘,并把种痘术带回英国,在欧洲广为宣传。至于日本等邻近中国的国家,种痘术在18世纪中叶直接由中国传去。

1796年,英国医生琴纳接种牛痘预防天花试验成功,由此才逐渐取代了中国的人痘接种术。

千钧一发
一根头发所引发的力学问题

"千钧一发"也作"一发千钧"、"发引千钧",见《列子·仲尼》:"发引千钧,势至等也。"又见《汉书·枚乘传》:"夫以一缕之任,系千钧之重,上县(悬)无极之高,下垂不测之渊,虽甚愚之人犹知哀其将绝也。"意思是说,一根头发上系着千钧的重量,比喻事态万分危急。钧:古代重量单位,三十斤为一钧。

关于"千钧一发"及相关的论述,有不少解释,反映了古人对受力问题的某些认识。

先秦墨家学派曾研究过发辫悬挂重物的实验,结果是发辫中有的头发被拉断,有的头发未被拉断。是什么原因呢?墨家学者对此进行细致的观察发现,当头发共悬一件重物时,由于松紧不同,被拉紧的一部分头发承受了全部重量,尽管重量不是太大,但这些头发往往先被拉断,其他部分头发也相继断绝。于是,墨家学者认为,假如重物的重量能够均匀地分配到每一根头发上,这些头发就一根也不会断。见《墨子·经说下》:"均发,均县(悬)。轻而发绝,不均也。均,其绝也莫绝。"这是十分出色的解释,这种解释的意义已不是单纯地记载所观察的一般事实,而是通过观察甚至简单定量试验来解决思考中的疑难,同时还包含有近代力学中有关"应力"概念的一些萌芽。

战国后期的名家公孙龙按照墨家以发悬物的解释,又提出了"发引千钧"的设想,和公孙龙几乎同时的公子牟对此问题作了说明,指出:"发引千钧,势至等也。"意思是,毛发所以能引千钧那样重的物,是由于重物作用在毛发上的"势"到处相等的缘故。"发引千钧"的说法详见《列子·仲尼》。其中"势"概念的出现,尽管和现代概念完全不同,但已反映了对力的效果认识的进一步深化。

晋代张湛注《列子》"发引千钧"说:"夫物之所以断绝者,必有不均之处。处处皆均,则不可断。故发虽细而得秤重物者,势至均故也。"

现代科技工作者通过计算认为,"一发引千钧"即严格意义上的一根头发承担千钧的重量,是不可能的。人的头发丝有粗有细,青少年的发径在0.04毫米至0.08毫米之间。按唐代一斤合596.82克计,取头发丝的直径为0.06毫米,则可算出一根头发丝引千钧时

所承受的拉应力为 $62.1×10^6$ MPa。根据测量,"青少年发径0.05毫米,拉断时需加力0.9牛顿;发径0.08毫米,拉断时需加力1.9牛顿,也即人发的强度极限在 380 Mpa 至 460 Mpa 之间,和A3钢不相上下。"(参见胡宗一:《"一发千钧"的力学含义考辨》,《力学科普》1982年第2期)。由此可见,"一发引千钧"时它所受的拉应力,是头发强度极限的十多万倍。显然"一发引千钧"是一种艺术上夸张的语言。

《格林童话》中莴苣姑娘的辫子可以承受一个人的重量

然而,如果"发"是指许多头发丝编成的发绳,情况则另当别论。周代,千钧约合7万牛顿;秦到西汉,千钧约合7.6万牛顿;东汉魏晋,千钧约合6.5万牛顿。若据前引试验数据,以拉断一根头发丝平均要1.47牛顿的力计算,并假定各头发丝受力均匀,那么,千钧的力可以拉断四五万根头发。若以发径平均为0.06毫米计算,并设想发绳能编成密实无间隙的圆形截面,则它的直径约为13毫米。因此,只要将"发"理解为发绳,"发引千钧"不是没有可能。当然这种可能性在很大程度上仍然决定于受力是否均匀,即是否能达到"势至等"。

同声相应
古代对共振现象的认识

"同声相应",最早见《周易·乾》:"同声相应,同气相求。"表示声音相同彼此可以呼应,气味一样彼此可以交融。

古人很早就注意到,在弹奏弦乐器时会出现共振现象,"同声相应"实则就是对共振现象的描述。古代有许多消除共振的有趣故事,北宋沈括首先设计实验,对共振现象作出科学的解释,明清之际的方以智进一步作了补充。

后世也用"同声相应"比喻兴趣一致的人们自然而然地结合在一起。

共振是在某一物体发生振动时,另一物体也随之发生振动的现象。声学上的共振现象也称为"共鸣"。这是当两个物体发生振动时,它们的固有频率相同或具有简单的整数比时所产生的现象。

最早记述共振现象的是《庄子》一书。书中写道:"为之调瑟,废一于堂,废一于室,鼓宫宫动,鼓角角动,音律同矣。夫或改调一弦,于五音无当也。"文中"废"是放置的意思。就是说,将两张瑟分置于两处,若弹奏置于堂中瑟的宫弦,置于室里瑟的宫弦会随之发生振动。庄子的解释是二者音律相同。

后来《吕氏春秋》一书也对上述现象进行解释:"类同相召,气同则合,声比则应。故鼓宫而宫应,鼓角而角动。"汉末学者高诱作注说:"鼓,击也。击大宫而小宫应,鼓大角而小角应,言类相感也。"高诱的解释既有定性的内容,也有定量的内容。说定性,是他注意到声与声之间的作用;说定量,是"大宫"与"小宫"、"大角"与"小角"的作用应成比例,它们相隔八度,即频率比为1:2,这是一种泛音现象。

古人对"自鸣"现象也多有记述。最先提出"自鸣"这一术语的是西汉的董仲舒。他在《春秋繁露·同类相动》中指出:"物之以类动者也,其动以声而无形,人不见其动之形,则谓之自鸣也。"董仲舒认为,同类的物体运动或振动会产生自鸣,由于它是以声音的形式表现出来,人们不能直接看到它的成因。他以琴瑟的弦音为例,认为"五音比而自鸣,非有神,其数然也"。可见董仲舒注意到自鸣的数理关系,并借此说明"天人感应"的道理。

北宋科学家沈括博学多才。一天,沈括在朋友家中看到一个共振现象,他记述并解释说:"予友人家有一琵琶,置之虚室,以管色奏双调,琵琶弦辄有声应之,奏他调则不应,宝之以为异物,殊不知此乃常理。二十八调但有声同者即应。"其中的"管色"就是"筚篥",古代的一种吹奏乐器;"双调"是古代燕乐的一个调名。沈括在友人家中看到的是一个琵琶的弦与管乐器发生共振的现象。为了进一步弄清原因,沈括设计了一个实验,即琴瑟的弦发生共振实验。沈括在《梦溪笔谈》中记述:"琴瑟弦皆有应声。宫弦则应少宫,商弦即应少商,其余皆隔四相应。"其中宫、商相当于现代简谱中的"1"、"2";少宫、少商则相当于"1̇"、"2̇"。琴瑟都是以五声音阶定弦的,第一弦隔二、三、四、五弦,同第六弦"隔四相应",依次类推。

沈括还特地用"纸人"来演示其"相应"的情形:"今曲中有声者,须依此用之。欲知其应者,先调诸弦令声和,乃剪纸人加弦上,鼓其应弦,则纸人跃,他弦即不动。声律高下苟同,虽在他琴鼓之,应弦亦震,此之谓正声。"也就是说,为了要知道某一根弦的应弦,可以先将各条弦的音调准,然后剪纸人放在待测弦上,一弹与它相应的弦,纸人就会跳动,弹其他弦,纸人就不动。如果琴弦的声调高低都相同,即使在别的琴上弹,这张琴上的应弦同样也会振动,沈括把这叫做"正声"实验。沈括的实验是世界上第一个弦线共振实验。西方类似的实验是在17世纪完成的,这是英国的诺布尔和皮戈特进行的用"纸游码"演示的共振实验。(参见弗·卡约里著,戴

沈括的"正声"即纸人共振实验

念祖译:《物理学史》,内蒙古人民出版社,1981年,第103页)

沈括实验中的"隔四相生"的说法有些问题,南宋学者周密重复了五度的共振实验,他在《癸辛杂识》中写道:"琴间指以一与四,二与五,三与六,四与七为应。今凡动第一弦,则第四弦自然而动。试以羽毛轻纤之物,果然。此气之自然相感动之妙。"周密所论述的都是弦长比为2∶3的共振情况。

明末清初学者方以智对沈括的实验也作了补充。他在《物理小识》中写道:"今和琴瑟者,分门内外,外弹仙翁,则内弦亦动。如定三弦子为梅花调,以小纸每弦帖之,旁吹笛中梅花调一字,此弦之纸亦动。"文中所说的"内外"是指琴瑟的内侧和外侧,"仙翁"是一种定弦的方法,"一字"是吹笛时六孔全闭的音。当笛子吹出"一字"的乐音时,"三弦子"上发"一字"音的弦也振动起来。方以智用小纸片演示了这时产生的共振现象。

目迷五色
古代对光及色散的认识

"目迷五色",见老子《道德经》:"五色令人目盲,五音令人耳聋,五味令人口爽。"形容颜色又杂又多,使人看不清楚。

涉及颜色的成语有不少,如"五彩缤纷"、"五色斑斓"、"五颜六色"等。光谱有七色,为什么成语讲颜色有"五"却没有"七"?这涉及古代对颜色成因的认识,是一个有趣的问题。

"目迷五色"今也常比喻事物错综复杂,使人眼花缭乱,分辨不清。

考古发现,新石器时代的先民已利用天然矿植物制作原始颜料。从西安半坡遗址出土的彩陶可见,其图案已用红、白、黑三种颜色描绘;湖北京山屈家岭遗址出土的彩陶,有褐色和橙色的花纹。周代时,丝织物的染色工艺达到较高的水平。分析《诗经》的内容可知,商周时衣物的颜色分了许多种。

随着对颜色认识的积累,古人尝试作出归纳和分类,于是产生了"五色"的概念。"五色"最早见于《尚书·禹贡》记载,是指青、赤、黄、白、黑五种颜色。约在周代末期,古人开始把五色与五行、五方、五声等相配属,认为五色是"金、木、水、火、土"五行之物的本色,从而又把五色概念纳入了五行体系。随着五行说的地位不断巩固和提高,五色说在古人的观念中逐渐形成模式。(参见胡化凯:《五行说与中国对色散现象的认识》,《科学技术与辩证法》1994年第3期)

古人认为,宇宙万物虽然千差万别,但均可纳入五行之列。基于这种思想,他们认为绚丽多彩的种种色品也都由五色构成。正所谓"色不过五,五色之变,不可胜观也"(《孙子兵法·势篇》)。

为了区别主次地位,古人把颜色分为"正色"与"间色"两类。"正色"有青、赤、黄、白、黑五种,"间色"有绿、红、碧、紫、骝黄(流黄)五种。正色所配五方是:东方青,南方赤,西方白,北方黑,黄居中央(见下图)。黄青之间是绿,赤白之间是红,青白之间是碧,赤黑之间是紫,黄黑之间是流黄。把五行之色视为正色,余色皆为间色,且认为间色是由正色相杂而成,这种"正色-间色"学说可以认为与现代的"三原色"理论有相通之处。从现代色彩学观点来看,正色确是重要的基本色。目前印刷、印染和油漆技术中仍广泛地用蓝、红、黄三种颜(染)料,以不同的比例调配成各种彩色,因而称之为三原色。至于黑和白则视作决定色彩明度的两端。古人把青、赤、黄、白、黑定为"正色",是对基本色的正确认识和运用。

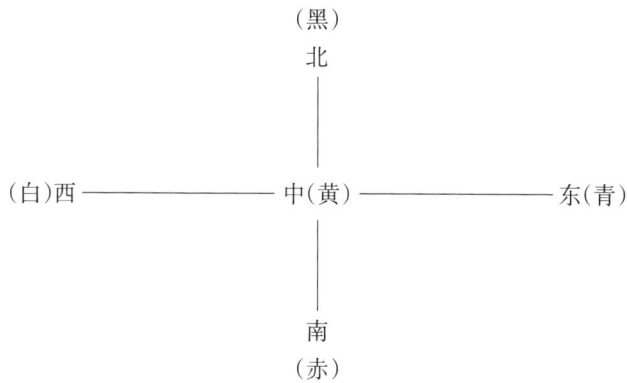

正色在颜色王国里居于正统地位,这种观念在秦汉时期的颜色词汇中也得到充分反映。以红色为例,当时用赤、朱、赫、赭、赧、赩等词表示不同的红色,其中赤为正色,余者皆假"赤"表示细微的差异。这既说明当时颜色知识的丰富,也表明古人已有较高的思维水平及语言概括能力。

五色说无疑有它的进步意义。然而,随着光学认识的发展,五色观念却妨碍了古人对丰富多彩的光色散现象作客观的描述和分析,滞碍了光色散理论的发展。

自然界常见的色散现象有虹霓和晶体散射两类。早在商周时代,古人就有对虹的观察。如《楚辞·远游》描写虹:"建雄虹之采旄兮,五色杂而炫耀。"唐初孔颖达指出,"日照雨滴"是虹的成因。南宋程大昌对单个水滴的色散现象作过仔细观察，认为：水珠被"日光入之，五色具足，闪烁不定，是乃日之光品著色于水，而非雨露有此五色也"。古人也观察到晶体色散现象，并用五色说来描述。如北宋《杨文公谈苑》有："色莹白，若太山狼牙石、上饶州水晶之类。日光射之，有五色。"明末清初，著名学者方以智对前人观察到的各种色散现象作了全面总结，他在《物理小识》一书中写道："凡宝石面凸则光成一条，有数棱，则必有一面五色。如蛾眉放光石，六面也；水晶压纸，三面也；烧料三面水晶，亦五色。峡日射飞泉成五色；人于回墙间向日喷水，亦成五色。故知虹霓之彩，星月之晕，五色之云，皆同此理。"

美丽的彩虹

由上述可看出，中国古代色散理论始终以五色说为基础。与西方光学发展相比，直到17世纪牛顿用三棱镜实验确定日光的七色性之前，中国所积累的经验知识，所运用的研究方法都不能说比西方逊色。然而，中国却始终未能提出关于日光构成的七色说，究其原因，一是中国古代没有制玻璃的传统，不能用三棱镜对光的折射进行研究；二是受五行五色观念的限制，直接制约了对色散现象的细致观察，影响了对色散机理的深入探讨。

刻舟求剑
古代对运动相对性的认识

"刻舟求剑",出自《吕氏春秋·察今》:"楚人有涉江者,其剑自舟中坠于水,遽契其舟,曰:'是吾剑之所从坠。'舟止,从其所契者入水求之。舟已行矣,而剑不行。求剑若此,不亦惑乎?"

"刻舟求剑"作为寓言故事,嘲笑了失剑者的迂腐、呆板;作为成语,它比喻拘泥成例,不知应跟着情势的变化而改变看法或办法。

"刻舟求剑"实则也涉及运动的相对性问题。古代学者曾对相对运动现象作过细致观察,对有关问题作过认真的探讨,并得出了一些比较正确的认识。

在"刻舟求剑"故事中,作者讥讽那个刻舟取剑者为"不亦惑乎"。可见,作者是知道怎样才能找到掉落江中之剑的。从物理学角度看，找到剑有两种方法：(1)记住剑掉落江中的位置或离岸上某标志的方向、距离，即以河岸作参照系。(2)在船上做记号，然后根据船速和航行时间，剑掉落江中的时间，求出靠岸船与剑掉落地点的距离，即先以船作参照系，后再换算成地面坐标。此法显然较麻烦，却也可用。"刻舟求剑"故事虽然没有具体讨论参照系问题，但分析来看，古人显然知道取剑的参照系及简便方法。

关于河岸、河水和船三者到底谁在运动的问题，曾经困扰过古人，因而便有认真的探讨。西晋文学家束皙认为："乘船以涉水，水去而船不徙矣。"束皙是以整条河作参照系的。当横渡江河时，如果保持船与河岸的垂直状态，船与河岸的相对位置就不会改变，而河水却随时地改变自己与河床(或船)的相对位置(见图)。这就使束皙得出了他的关于船与水谁在运动的结论。当然，渡船中的人

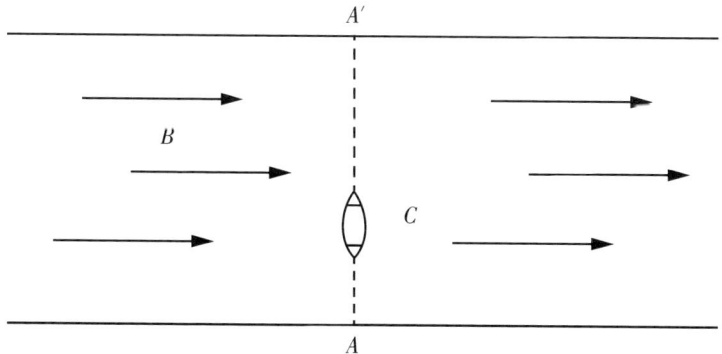

假设船过江示意图。船C从A点过江，它总是在河床的AA′线上，而水流B却随时在改变自己与AA′的相对位置

不观察河岸时,也只觉得水在流动,而船不运动。束皙的观点无疑是针对其他有关船的运动观点(取不同参照系)而提出的。

仅是船与河岸的关系问题要简单些,这是人们在地面上最容易发现,也最熟悉的相对运动事例。南朝梁元帝萧绎在题为《早发龙巢》的诗中写道:"不疑行舫动,唯看远树来。"表明了这种观察。在敦煌曲子中有一首《摊破浣溪沙》词,对此作了更细致的描述:

> 五两竿头风欲平,长风举棹觉船轻。柔橹不施停却棹,是船行。
> 满眼风波多闪烁,看山恰似走来迎。仔细看山山不动,是船行。

这两首诗词微妙地刻画了船与河岸山林的运动关系,既揭示了河岸、山林的视运动,也逼真地表现了它们之间的相对运动。在人类文化史和科学史上,船与河岸、山林的运动关系成为论述运动的一个传统例子,在今天也不失它的科学意义。(参见戴念祖:《中国力学史》,河北教育出版社,1988年,第107页)

古人也注意到天上的相对运动现象。如束皙写道:"仰游云以观月,月常动而云不移。"东晋葛洪写道:"见游云西行,而谓月之东驰。"在这里,任何人也不会否定,急速飘动的是云,而不是月球。但从视运动角度看,人们得到的结论正相反。这相反的结论,恰恰是相对运动的例证。

明镜高悬

古代"透光镜"的奥秘

"明镜高悬",出自西汉刘歆《西京杂记》,说的是秦始皇库府里有一面方镜,"广四尺,高五尺九寸,表里有明,人直来照之,影则倒见。以手扪心而来,则见肠胃五脏,历然无碍。人有疾病在内,则掩心而照之,则知病之所在。……秦始皇常以照宫人,胆张心动者则杀之。"又见元代关汉卿《望江亭·第四折》:"呀,只除非天见怜,奈天天又远。今日个幸对清官,明镜高悬。"

古代用"明镜高悬"称颂官吏执法严明,判案公正。如今也常比喻法官判案公正严明。单用"明镜",则比喻人见事清楚,如说"心如明镜"。

《西京杂记》的故事显然有虚假渲染的成分,但刘歆所述不无根据,因为西汉时期确实有一种"透光镜",堪称是我国古代技术的一项杰作。

古代的镜子是青铜铸造的。青铜镜在我国产生得比较早,在距今四千年前的甘肃齐家文化遗址中就发现有青铜镜。

到春秋战国时期,青铜镜制作和使用逐渐兴盛起来,并形成一门独立的工艺门类。从考古资料看,铜镜出土数量多,分布地域广,品类复杂,纹饰富装饰性,有艺术感染力。

西汉时期,是青铜镜制作的新高峰。青铜镜不仅作为一种生活用品广泛存在,而且成了工艺美术品。西汉的铜镜形制多样,纹饰更趋繁复,并铸刻有颂词、吉利类铭文。这一时期还出现了一些特殊铜镜,如夹心镜、透光镜等。

西汉时期的透光镜,从外形上看与普通铜镜没有什么差别,表面开光后,明似秋水,毫发可鉴,照容逼真。可是,当镜面以某个角度反射阳光打到墙壁上,竟会产生一种令人不可思议的"透光"现象,只见镜面的反射光在墙壁上形成一个与镜背纹饰一模一样、明暗相间的反射图像。图像清晰明亮,好像阳光真的从镜面透过似的!

透光镜奥妙何在?历代不乏学者研究,其中有重要影响者有北宋沈括、元代吾丘衍等。沈括在他的《梦溪笔谈》中写道:

世有透光鉴,鉴皆(背)有铭文,凡二十字,字极古,莫能读。以鉴承日光,则背文(纹)及二十字皆透在屋壁上,了了分明。人有原其理,以谓铸时薄处先冷,唯背文上差厚,后冷而铜缩多;文虽在背,而鉴面隐然有迹,所以于光中现。予观之,理诚如是。然予家有三鉴,又见他家所藏皆是一样,文画铭字无纤异者,形制甚古,唯此一样光透;其他鉴虽至薄者,皆莫能透,意古人别自有术。

沈括认为,铸镜时有纹处较厚,冷却慢,收缩较大;无纹处较薄,冷却较快,收缩较小。因此细看上去,"鉴面隐然有迹"。沈括的看法对后世影响较大。

元代吾丘衍则提出"补铸法"之说。他在《闲居录》中写道:

假如镜背铸作盘龙,亦于面镜窭刻作龙,如背所状,复以稍浊之铜填补铸入,削平镜面,加铅其上,向日射影,光随其铜之清浊分明暗也。

明代,透光镜传入日本,被日本人称为"魔镜"。19世纪透光镜又传入欧洲,引起西方学者的研究兴趣。

1975年,复旦大学、上海交通大学等多家单位的科技人员合作,利用现代手段对上海博物馆馆藏的透光镜进行研究,揭示了其中的奥秘,并且成功地仿制出"透光镜"。

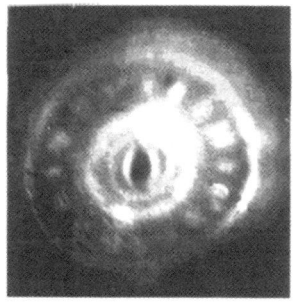

西汉"透光镜"背面和反射影像

原来，仔细观察，透光镜的镜面是全凸型的，这有点像汽车上的后视镜。整个镜面又可以认为是由许多的小凸镜构成的。每个小凸镜的曲率半径较小，而小凸镜之间交界处曲率半径较大，就使得整个镜面又形成了许多微小的起伏。当阳光照到透光镜镜面时，反射的光线是发散的。由于曲率半径大的局部镜面发散度大，因此在屏幕上形成的光暗一些；曲率半径小的局部镜面发散度小，在屏幕上形成的光就亮一些。而镜面的这种曲率差异正与镜背纹饰相对应，这样在屏幕上便形成了与镜背纹饰一模一样、明暗相间的反射图像。

为了使铜镜"透光"，制造工艺也很讲究。边缘宽厚，镜体很薄，镜背纹饰浮凸且周向分布，铜镜在铸造时会产生相当大的铸造残余应力，这是使镜面拱凸变形而"透光"的内在原因。而把镜体研磨得足够薄（无纹饰处镜面可薄至0.5毫米），使镜体刚度下降，镜体产生明显的拱凸变形则是"透光"的必要条件。

正是因为古代有制作"透光镜"的技术，所以我们说"明镜高悬"的故事是有根据的。

今天，随着"透光镜"奥秘的揭开，国内先后有一些工艺美术厂家仿制生产出新的"透光镜"，使人们尽可领略古代工艺的神奇。

宥坐之器
有关重心与平衡的器物

"宥坐之器",见《荀子·宥坐》:"孔子观于鲁桓公之庙,有欹器焉。孔子问于守庙者曰:'此为何器?'守庙者曰:'此盖为宥坐之器。'孔子曰:'吾闻宥坐之器者,虚则欹,中则正,满则覆。'孔子顾谓弟子曰:'注水焉!'弟子挹水而注之。中而正,满而覆,虚而欹。孔子喟然而叹曰:'吁!恶(音读乌)有满而不覆者哉!'"

"宥坐之器"也即欹器。古时国君置于座右或庙堂,作为不要过与不及的劝诫之物。欹器的根本特点是所谓"虚则欹,中则正,满则覆"。从力学原理上分析,欹器实际上是一种有关重心与平衡的器物,它的制作体现了古人的巧思和用心。

"宥坐之器"后也比喻应该遵循的道德规范或行为标准。

孔子观欹器图

欹，是以箸取物的意思，引申为歪斜不正之意。欹器以它的歪歪倒倒的表现特性命名。当古人借欹器比喻应该遵循的道德规范或行为标准时，也称它为"宥坐之器"或"右坐器"。宥与右同音同义，宥坐器的意思是放在座位右旁作为劝诫的器具，有如后来说的座右铭。

欹器的特点：空时，器身倾斜；注入一半水时，由于重心下降，器身自动正立；欲注满水时，随着重心上升，器身再度倾斜。

欹器是怎么产生的？据学者分析，很可能是在类似半坡尖底汲水罐的原型基础上发展起来的。20世纪50年代，在西安附近的半坡新石器时代遗址出土了一种陶制汲水罐，罐子底尖，腹大，口小，罐腹中偏下处有两个系绳用的环耳。由于罐壁厚薄不一，质量分布不均，作为支点的双耳连线稍低于罐的重心，因此，吊起空罐时就呈倾斜状态。把空罐抛于水中，罐口很快没入水下，只微露尖底。当水入罐内过半时，小口逐渐露出，呈直立状。若要使水满罐，则必须按下罐身。而一旦将满罐水提起，罐身迅即倾斜，水

半坡汲水罐

从罐中流出。当罐内存水略过半时,罐又恢复直立。

尽管有这种汲水罐实物,但因先秦时的欹器失传,老祖宗做的欹器形状到底是什么样,至今并未得到确证。汉代以后,历代都有制作欹器的新想法和新创造。据文献记载,西晋杜预构思巧妙,屡次修改,可是制出的欹器总不大如意。南朝祖冲之设计精巧,制出的欹器算是比较成功的。西魏文帝同时让工匠做了两个欹器,规模大、样子花哨。"一为二仙人共持一钵,同处一盘,钵盖有山,山有香气,一仙人又持金瓶以临器上。以水灌山,则出于瓶而注乎器,烟气通发山中,谓之仙人欹器。"这种欹器显然奢丽并富于神秘色彩了。所说的这些欹器当时显赫,后来也都散失了。

1965年考古工作者发掘北燕冯素弗墓时,在众多的金银器皿中意外地发现了一个玻璃欹器。据学者研究,该欹器很可能是在大月氏商人指导下烧制的。它基本的形状如半坡尖底陶罐,口小颈细,腹鼓底尖,用玻璃条在瓶的肩、腹部粘出花纹,在瓶腹中间粘成双足,使圆腹放置平稳。这个欹器空腹时重心也在中间双足,满水时重心上移,倾覆便泻水,只是在有一半水时口才向上,完全符合"虚则欹,中则正,满则覆"的要求。冯素弗生活于杜预和祖冲之之间的年代,看来这个欹器形制很接近先秦"周庙"时的欹器了。

欹器为什么能起到置右为戒(宥坐)的作用呢?中国有一句古老的格言:"满招损,谦受益。""满而覆"的欹器恰好可非常形象地说明这一道理。封建帝王把欹器置于座右、列于庙堂,是想把它作为"满而覆"的借鉴,执中持衡,免遭覆灭的厄运。

今天,去掉笼罩在欹器上的神秘色彩,揭开它的奥秘,我们看到古人的巧思和用心,欹器制作实际上是利用了重心与平衡的知识。

黄钟大吕
古代的音律制订法

黄钟,我国古代音乐十二律中六种阳律的第一律;大吕,十二律中六种阴律的第一律。"黄钟"、"大吕"作为乐律名,最早见于先秦典籍《国语·周语》:周景王问他的乐官伶州鸠,十二律是什么?伶州鸠将律名一一说详,排在最前面的就是黄钟、大吕。

乐律(也称音律)是音乐演奏中各乐音在频率高低上所遵循的规律。乐律的产生与改进,反映了中国古代声学知识的发展。

黄钟、大吕连用,常用以形容音乐或文辞庄严、正大、和谐和高妙。

中国古代乐律在世界音乐史、声学史中有其绚丽的一页。

古代乐律究竟产生于何时,年代已难以查考。根据文献记载知，春秋时期已有十二律的称谓。各律从低到高依次为：黄钟、大吕、太簇、夹钟、姑洗、仲吕、蕤宾、林钟、夷则、南吕、无射、应钟。其中奇数各律称"律"，偶数各律称"吕"。合称"律吕"。

春秋战国时期，人们已经发现，越长的竹管（或弦）发音越低，越短的竹管（或弦）发音越高。乐师由此掌握了从一个被认定为基准的音出发来求其他音的方法。《管子·地员》最早记载说："凡将起五音，凡首，先主一而三之，四开以合九九，以是生黄钟小素之首，以成宫。三分而益之以一，为百有八，为徵。不无有三分而去其乘，适足以是生商，有三分而复于其所，以是成羽。有三分去其乘，适足以是成角。"意思是，令黄钟宫音的弦长为 $3^4=9\times9=81$，则徵音弦长为 $81\times\frac{4}{3}=108$，商音弦长为 $108\times\frac{2}{3}=72$，羽音弦长为 $72\times\frac{4}{3}=96$，角音弦长为 $96\times\frac{2}{3}=64$。依弦长排列为：徵(108)、羽(96)、宫(81)、商(72)、角(64)，成为五声徵调的音阶。由于定律过程中的每一步骤中下一律为上一律的 $\frac{2}{3}$ 或 $\frac{4}{3}$，故被称为"三分损益法"。三分损益法得出的五声音阶实际上是由许多相差五度的音组成的，在乐律学上又被称为"五度相生律"，这是我国历史上最早的律制。

五声体系不足是各音之间音程太长，随着乐器的发展和对音乐演奏要求的提高，律制也不断改进，渐趋复杂，出现了七声音阶，即在原来五个音之外，再加上变徵和变宫两个半音。以黄钟宫音

《钦定书经图说》所载五声六律八音图

弦长 81 为基准，即变宫弦长为 $64 \times \frac{4}{3} = 85\frac{1}{3}$，变徵弦长为 $85\frac{1}{3} \times \frac{2}{3} = 56\frac{8}{9}$。

五度相生法不仅为五声体系的基础，还促使了更为全面的十二律体系的诞生。十二律其实质仍是三分损益产生新律，只不过其间隔更细。它与五声音阶、七声音阶的配合，如表所示：

十二律与五声音阶、七声音阶的配置

十二律名称	黄钟	大吕	太簇	夹钟	姑洗	仲吕	蕤宾	林钟	夷则	南吕	无射	应钟	清黄钟
相当于今日音名	C	C#	D	D#	E	F	F#	G	G#	A	A#	B	C¹
五声音阶	宫		商		角			徵		羽			清宫
七声音阶	宫		商		角		变徵	徵		羽		变宫	清宫
相当于今日唱名	do		re		mi		fa	so		la		si	do¹

参见戴念祖：《中国音乐声学史》，中国科学技术出版社，2018年。

上述十二律，又称六律六吕。顾名思义，黄钟、夹钟、林钟、应钟，当出于钟声；而大吕、中吕、南吕的"吕"字，据《周礼》和《国语》的提法，吕即同，推为筒，即为竹管的意思。剩下的几个律名词义难以考证，迄今没有定论。

三分损益法奠定了我国古代律学的基础，但是，它在音乐实践中也显露了不足之处。如果按五度相生的方法，那么在生律十一次之后，并不能最终回到出发的律上，也就是说，最后一个律音与起首的律音在频率上并不成二倍关系，这给十二律"旋相为宫"造成很大困难。面对如何使律制周而复始的问题，古代律学家进行了艰苦的探索，提出种种改进和计算，历经千余年时间，直到明代科学家朱载堉建立十二平均律，才彻底完善地解决了这一问题。

朱载堉，明宗室郑恭王朱厚烷之子。因政治原因，其父入狱，家境中落，他便潜心于律学、数学、天文历法的研究。朱载堉一生勤奋著述，著作有《律学新说》《律吕精义》等十余种。

朱载堉创建十二平均律，主要运用了等比生律，这实际是一个等比数列推导，为便于读者理解，换成现代的数学语言，其步骤如下：

先设黄钟律长为 1 尺，则第十二律应为 2 尺。将 2 开平方得 $\sqrt{2} = 1.414213\cdots\cdots$，为蕤宾律长的 2 倍；再开平方得 $\sqrt{\sqrt{2}} = \sqrt[4]{2} = 1.189207\cdots\cdots$，为南吕律长的 2 倍；再开三次方得 $\sqrt[3]{\sqrt[4]{2}} = \sqrt[12]{2} = 1.059463\cdots\cdots$，以这个数字为除数，从黄钟开始依次除各律之长，便得出其次各律的长度。从而使相邻律音之间的频率比取得一致。十二平均律由于运用等比生律，从而获得了各律音高间隔的等程性，成功地解决了音阶在音律上的转调问题。朱载堉十二平均律的提出，是音律史上的一次革命，他成功地将开方运算的数学方法用于乐律学的研究，为音乐向更为科学化的方向发展提出了途径。

中国十二平均律的发明在世界声学发展史上也是一项重大的贡献,比法国音乐理论家梅森于1636年发表的十二平均律要早五十余年。

金声玉振

古代的钟磬之声

"金声玉振",古代本取自乐理,最早见《孟子·万章下》:"孔子之谓集大成。集大成也者,金声而玉振之也。金声也者,始条理也;玉振之也者,终条理也。始条理者,智之事也;终条理者,圣之事也。"可知这是孟子对孔子的赞颂。

古乐器有金、石、丝、竹、匏、土、革、木八音,若独奏其中一音,则以一音自为始终,为一小成。孟子认为孔子集三圣大道于一身,如同作乐集众音之小成,所以说是集大成。八音之中,以金石为重,奏乐时,先击镈(金)以宣声开端,最后击磬(石)以收韵结束,二者之间,各有条理而脉络通贯,无所不备。故孟子称孔子知无不尽、德无不全,犹乐之金声玉振,堪称圣德兼备。

后来也用"金声玉振"比喻人的知识渊博,才学精到。

古代乐器有金、石、丝、竹、匏、土、革、木八音,其中,"金"指青铜制作的钟,"石"指用美石制作的磬。说起钟和磬,都经历了一个发展过程。

钟的起源很早,其前身是陶制铃。陶铃的音高不定,后来没有再发展。

随着青铜冶炼的出现,开始有了铜铃。铜铃有固定音高,能发出清越嘹亮的乐音。考古发现距今四千多年前的铜铃,铃有纽,顶部有孔,可悬垂铃铛。值得注意的是,铃体是扁圆形的,形体虽小,已有日后编钟的雏形,这与欧洲古代圆形乐钟有质的区别。

在铜铃的基础上发展起铙,其特点是甬(柄)端透空,体短,扁圆形,钟唇形体比铃大。最早的成组编排的乐钟是编铙,一般是三件一组,也有五件一组的。

到西周中期,编铙进一步发展成为编钟。编钟俗称"扁钟",其最大特点就是椭圆形壳体(形似两块瓦片相扣)。编钟分纽钟、镈钟和甬钟,其中甬钟形制最复杂、铸造技术最高超。从西周中期到春秋中期,甬钟形制逐渐完备,花纹日趋繁缛,工艺相应改进和完善。先秦典籍《考工记》"凫氏为钟"篇中详细记载了甬钟,涉及甬钟的部位名称、尺度比值、钟之特征及声学效果。

编钟与圆形钟的声音有极大差别。圆形钟的声音悠扬长久,其谐音不易消失,因而不能作为乐器用。而编钟特有的形状与结构,造成它独特的发声,可作为乐器供演奏之用。

1978年，在湖北随县曾侯乙墓出土了一套大型编钟，这是中国迄今发现数量最多、保存最好、音律最全、气势最宏伟的一套编钟，代表了中国先秦礼乐文明与青铜器铸造技术的最高成就。

曾侯乙编钟

磬为古代的打击乐器，以美石制作。发清越之声，演奏常与编钟相配，故有"金声玉振"之说。

早期的磬只有一个大致的形状，没有固定音高。后来制作逐渐规范，通过不同尺寸和成型后打磨，来调整音高。磬在发展中形制也有演变，商代的磬上作弧形，下近直线，西周时开始出现上作倨句形（夹角约为135°）、下作弧形的磬，这种磬后来盛行于战国，延续到汉代。战国时期的磬在彩饰上也非常讲究。

由下图可见，石磬上用精练的手法勾画出凤的形象。凤昂首曲颈，冠上的羽毛大胆夸张，任意延伸，足向前作抓物状，展翅垂

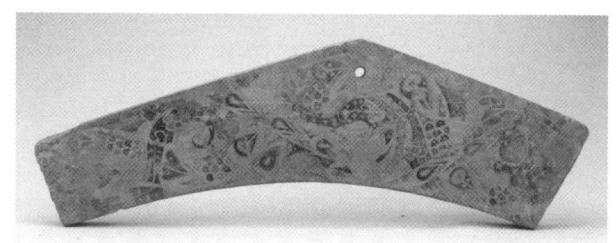

战国彩绘凤纹石编磬

尾。凤的两旁,都用两组羽毛图案加以衬托,使凤的秀劲生动形象更为突出。

曾侯乙墓出土编磬,大小磬块有32件,由石灰岩、大理岩石料磨制而成。它们形制系统,大小各异,均上呈倨句,下作微弧上收。重新复原的编磬能演奏出美妙的音乐。

山东曲阜城内的金声玉振坊,明嘉靖十七年(1538年)建,是进孔庙的起点

生物

五谷丰登
中国古代五大农作物

今日说"五谷",是对各种谷类作物的总称,"五谷丰登"意思是指各种农作物丰收。

然而,历史上说"五谷",曾经就是确指五种主要农作物。"五谷"一词,初见于《论语·微子》,孔子和他的学生出游,子路掉了队。子路问田间干活的老农:"子见夫子乎?"老农很不客气地回答:"四体不勤,五谷不分,孰为夫子?"那位老农批评孔子和他的学生只读诗书不懂生产实际,连各种庄稼的名称也分不清。

古代的五谷到底是指哪五种作物?历史上说法很多,但基本上可以分为两类:一类认为五谷是指麻、黍、稷、麦、豆(菽)。例如《周礼·疾医》郑玄注、《荀子·儒效》杨倞注、《汉书·食货志》颜师古注中都这么认为,只在谷物先后次序的排列上略有不同。另一类认为五谷是指稻、黍、稷、豆(菽)、麦。例如《孟子·滕文公上》赵岐注、《淮南子·修务训》高诱注中的认识,谷物排列先后次序也略有不同。将两种说法合在一起是六种作物。战国后期成书的《吕氏春秋》中也恰记载了这六种作物,给出的顺序为:禾、黍、稻、麻、菽、麦。其中,禾就是稷、又称粟,今称谷子;菽是大豆;稻、麻、黍、麦则和现在的名称一致。据农史专家研究,春秋战国以前,主要的农作物就是这六种。上述两类"五谷"的说法中,麻、稻之有无,是粮食作物构成中地区差异的反映。

1. 黍

黍是生长于黄河流域的一种旱作物。在甘肃秦安大地湾、山西万荣荆村等新石器时代的遗址中都有发现,其种植历史至少有六七千年之久。黍生长于黄河流域,这是与其耐旱、耐瘠、生长期短的特性分不开的。这些特点,既适应于黄河流域干旱少雨的自然特点,又适应当时耕作粗放,缺乏施肥、灌溉的栽培条件,因而在原始农业中,黍便成了黄河流域一种重要的粮食作物。

黍

2. 粟

粟是由野生植物狗尾草驯化、培育而成的。我国是世界上最早培育、生产粟的国家。考古发现,在河北武安磁山和河南新郑裴李岗遗址有许多储粟窖穴,距今已有七八千年的历史。据推算,磁山遗址的粟储存量有十几万斤。储存规模之大实属罕见。这说明粟的种植历史非常悠久,在黄河流域的原始农业中,粟是一种重要的、种植广泛的粮食作物。

粟

3. 稻

考古发掘表明,新石器时代中国的水稻种植已普遍分布于长江流域及广大华南地区。南方属热带、亚热带地区,雨量充沛,很适合水稻栽培。目前所发现的最早的稻谷遗存已突破万年,湖南道县玉蟾岩遗址、江西万年仙人洞和吊桶环遗址均为万年以上的水稻遗址,说明水稻种植历史久远。

稻

4. 麦

古籍中所载的麦往往包括小麦和大麦。麦类在黄河流域中下游的种植比粟、黍晚，也比水稻晚，可能是后来引进的。中国早期禾谷类作物在汉字中都从禾旁，如黍、稷、稻等，唯麦字从来。迄今为止，所发现最早的麦作遗址在新疆。新疆孔雀河畔的小麦距今有3800年。国际上公认西亚是小麦的原产地。农史专家认为，小麦很可能是从西亚通过新疆传入中原地区的。文献表明，我国大量推广种植麦子是在春秋战国时期。

大麦　　　　小麦

5. 菽

菽即大豆。原产于我国，现今世界各国的大豆都是直接或间接由中国传去的。野生大豆在中国有广泛的分布，生长得繁茂的地区，如黄河中游两岸，至今还有采集供食用和饲料用的。野生大豆约在新石器时代晚期被逐渐驯化为栽培种。栽培大豆与

大豆

野生大豆相比,种子变大,种子中的油分增加,植株从蔓生变为直立,株型也变大。

6. 麻

古书上说的麻,指的是桑科的大麻。它的韧皮,是古人重要的衣着原料;它结的籽,古时称为苴,也是古人重要的食物来源(只是到后来才不作食物了)。可知麻在古代既是一种纤维作物,又是一种粮食作物。考古发现,河南仰韶文化遗址的陶器上有麻布的印纹,郑州大河村等新石器时代的遗址有麻籽出土,说明我国栽培大麻至少已有五千年的历史。

大麻

总起来看,在原始农业中,稻和粟种植的时间最早,分布的地域最广,稻主要分布在长江流域,粟主要分布在黄河流域。我国南稻北粟的农作物分布状况,在原始社会时期已经形成,由此助推了南北地区的差异。

伯乐相马

中国古代畜牧学的成就

伯乐,春秋秦穆公时人,姓孙,名阳,以善相马著称。因在中国古代神话传说中掌管天马的星名叫伯乐,人们为了表示对孙阳的尊敬,便也称他为伯乐。关于伯乐,其人其事散见《战国策》、《列子》、《庄子》等古籍记载。《战国策·燕策二》说:"人有卖骏马者,比三旦立市,人莫之知。往见伯乐曰:'臣有骏马欲卖之,比三旦立于市,人莫与言。愿子还而视之,去而顾之,臣请献一朝之贾。'"伯乐乃还而视之,去而顾之,一旦而马价十倍。"可见伯乐相马的名气之大。

"伯乐相马"反映了古代兽医学、畜牧学的某种进步,后也喻指有眼力者发现、荐举人才。类似的说法有"世有伯乐,然后有千里马"(唐韩愈《杂说》)。

相马是古代兽医学的重要组成部分,相马专门人才是社会发展到一定阶段出现的。

距今四五千年的新石器时代晚期,马已被我们的祖先驯养成为家畜。随着社会的发展,马由食用逐渐转向役用和军用。养马业兴起,促进了对动物形态结构的认识和生理学知识的积累。在养马的实践过程中,古人认识到马的形态生理和生产机能之间具有一定的联系,逐渐形成了相马的知识。春秋战国时期,出现了专门研究马的形态并善于治马病的专家,伯乐就是其中杰出的一位。当时与伯乐齐名的还有相马能手九方皋、相牛能手宁戚等人。"相马"或"相牛"也通称"相畜",就是根据家畜的外形特征和生理学等特点,如毛色、牙齿、骨骼、肌肉、神态、蹄爪等来鉴别其优劣,衡量它们的使用价值。相畜是古代兽医学的重要组成部分。

中国古籍中相马的书很多,可惜大部分已失佚。现存北魏贾思勰的《齐民要术》卷六中,保存了北魏以前相马学的成就,这是中国现有早期最完整的一份相马学总结资料,从中我们可了解古代对动物形态生理的深刻认识。

首先,基于对马的整体认识,贾思勰在《齐民要术》中提出了"先除三羸五驽,乃相其余"的观点,即把头大颈小、脊软腹大、胫小蹄大(三羸),以及头大耳下垂、颈长小弯曲、躯体短四肢长、腰长胸短、髋部狭窄股部瘠薄(五驽)的马先淘汰掉,然后再对其余马匹作全面细致的鉴定。从解剖学看,"三羸五驽"的马都是整体失调有

伯乐相马。出自清末民初画家马骀所作《马骀画宝》

严重缺陷的,当然在骑乘和负重上不能合格,理应淘汰。继之,《齐民要术》就马的形态整体和局部鉴定提出了明确要求,整体是:"马头为王,欲得方;目为丞相,欲得光;脊为将军,欲得强;腹胁为城郭,欲得张;四下为令,欲得长。"这里的王、相、将、城郭、令是比喻说明各部分作用及重要性的。局部要求依次是:头欲得高得重少肉,眼欲高、眼如铃、光亮,耳欲相近前竖、小而厚,鼻欲广方、孔大,唇欲上急而方、下缓厚多理,齿周密、满厚、左右不蹉,颈长、肌肉发达,胸宽、腔大,背平广,腹大垂,两髂及中骨齐,肩骨深、臂骨长、膝有力、股骨短、胫骨长,四蹄厚而大。这些外形鉴定的要求都是从实用出发,鉴定要领达到相当精深完备的程度。

《齐民要术》还提出了相马五脏法:"肝欲得小;耳小则肝小,肝小则识人意。肺欲得大;鼻大则肺大,肺大则能奔。心欲得大;目大则心大,心大则猛利不惊,目四满则朝暮健。肾欲得小。肠欲得厚且长,肠厚则腹下广方而平。脾欲得小;膁腹小则脾小,脾小则易养。"这说明当时人们已经了解动物外部形态与内部器官之间、内外各器官之间、结构与功能之间的相关性;注意从外表联系到内部,以判断马的生产性能,给予科学的评价。《齐民要术》还提出了利用口色来鉴定马的健康状况和生产性能,并将马分成筋马和肉马两种体质类型。

《齐民要术》用十二个字概括指出千里马的典型特点是:"龙颅突目,平脊大腹,膁重有肉",此标准集头颅、中躯和后躯三大主要

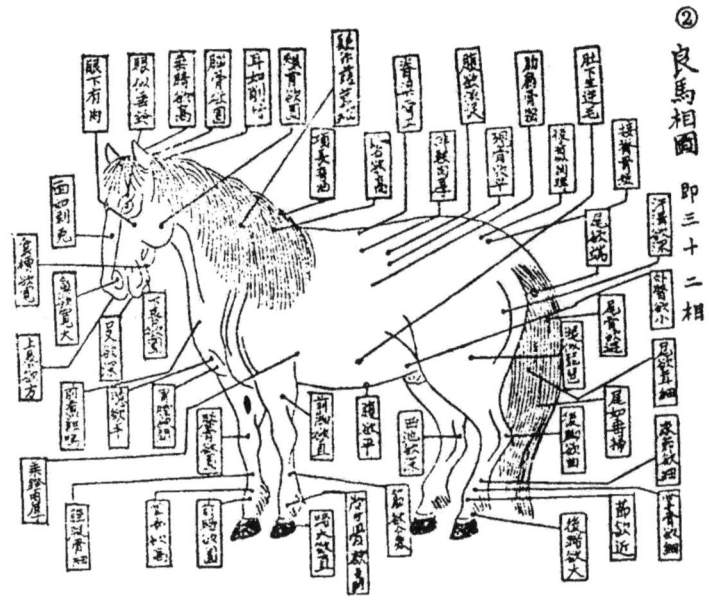

古相马图

部分的良形要求于一马,真是既复杂又简单、既全面又精要、既形象又生动,体现了很高的认识水平。

特别需要指出的是,西方直到18世纪才形成马的外形鉴定学,与《齐民要术》保存的"相马法"知识比要晚近一千年。

1973年长沙马王堆三号汉墓出土的《帛书·相马经》是中国古代又一部优秀相马著作。全文5200字,内容记载与《齐民要术》多不相同。据认为,可能是汉初承袭前代相马诸家之说的著作抄本。《帛书·相马经》的科学价值在于:它使今人见到了长期失传而重现于世的最古的畜牧著作,证实了中国古代相马的悠久历史,使我们了解到古代相马的生物学基础知识的深厚程度。

《帛书·相马经》中,马不仅有良、奴(驽)之分,而且把良马进一步区分为国马、国保(宝)、天下马和绝尘诸等级,这比《齐民要术》更细致。《帛书·相马经》较多记述了关于马的头部的相法,特别是对相眼更重视,方法也更细致。例如说:"欲目上辕罴(环)如半月",即形容上眼眶或眼盂部须丰满如半月,这与《齐民要术》的"目为丞相,欲得光","目需满","目欲大而光"有相似之处,但更具体。《帛书·相马经》特别用专段讲马眼睛的相法,一连提出十五个相互连贯的问答,开始是"眼,大盈大走,小盈小走,大盈而不走,何也?"联系眼的盈满程度、光泽和活动性,睫毛跟眼部肌肉的功能等因

西汉鎏金马,系以西汉时大宛产的汗血马为模特精制而成

素,进而又联系马是否善走,甚至把马体和目力能否适应环境的变化,归因于生活条件和消化代谢是否适宜,最后到鉴别目光和神情的表现,充分反映了古代相马家的精湛知识和察验事物的认真精神。由此我们可看出,汉代时古人对马的形态学、解剖生理学的知识已经很精确了。

中国古代不仅有相马专著,而且还制作了相当于现代畜种标准模型的铜制马式。如公元前104年汉武帝命李广利率兵征大宛,得大宛马,以铜铸像立于金马门。汉武帝时,善相马者东门京铸铜马立于鲁班门外。名将马援(也是相马家)于汉光武帝时铸立高三尺五寸、围四尺五寸的铜马于洛阳宫中。铸铜马不仅可供人们参看,对认识和研究马的形态也能起到很好的直观作用。

国色天香
新品种牡丹培育

"国色天香",见白居易《山石榴花十二韵》:"此时逢国色,何处觅天香。"杨万里《紫牡丹二首》:"恨无国色天香句,借与风绦日萼看。"本义指牡丹的花色香气非常出色,后也用以形容女性的出众美貌。

牡丹是中国古代著名的观赏植物,被称为"花中之王"。观赏牡丹起源于野生类型,大约从隋代起开始引种和选育。经历代花匠不断地选择、培育,产生出牡丹的稀有品种。

中国花匠积累的有关牡丹栽培的经验和理论,在世界生物学史和园艺史上都占有重要的地位。

牡丹又名木芍药、花王、富贵花,起源于我国,栽培历史悠久,是传统名花之一。古书《通志》说:"牡丹初无名,依芍药得名,故其初曰木芍药。"

据学者考证,牡丹是由野生类型起源的。魏晋时便有野生牡丹的文字记载,如《神农本草经》[①]说:"牡丹味辛寒,主寒热……安五脏,疗痈疮。"大概隋代以前并非观赏花卉,只不过是生长在山谷道旁的野花而已。除了丹皮(根)入药之外,皆作柴烧,故不为人重视。

隋代时,花匠引种和选育野生牡丹。隋炀帝在洛阳大兴土木,修筑宫苑,下诏搜罗天下珍禽怪兽、奇花异草,其中就有牡丹。到唐代,都城长安(今西安)已广种牡丹,品种繁多。牡丹盛开时节,其姿色吸引了众多的游人观赏和购买。唐代著名诗人白居易曾作诗道:"帝城春欲暮,喧喧车马度。共道牡丹时,相随买花去。"到了宋代,栽培和观赏牡丹更是盛况空前,尤其是洛阳牡丹天下闻名,故有"洛阳牡丹甲天下"之说,于是牡丹的别名又叫"洛阳花"。此后,山东的菏泽、安徽的宁国、四川的彭县和灌县也盛栽牡丹。到明代,曹州(即今山东菏泽)牡丹也有很高的声誉。

为什么牡丹有"国色天香"之誉呢?这是因为牡丹株形端庄,初夏开花,花形特大,花瓣重重,花姿典雅,色泽艳丽,清香宜人,冠艳群芳,故称"花中之王"。

[①]《神农本草经》又称《本草经》,托名"神农"所作,据考成书于汉代,是已知最早的中药学著作。全书分三卷,记载365种药,关于用法、配制、服用禁忌等都有简要说明。

宋代瓷器上的牡丹图案。宋代的盘、罐、瓶、碗等瓷器上,到处都可以看到千姿百态、婀娜俊俏的牡丹花纹

牡丹所以能有花王美誉,与古代花匠长期的辛勤培育分不开。花匠以自己的智慧和劳动通过各种方法,使牡丹品种日益增多,并总结了以下宝贵的经验和理论:

1. 注意到不同栽培的牡丹变种可能起源于同一个原始类型。如宋代人比较了不同变种花色和形态的差异以后,试图去寻找它们之间的亲缘关系,明确地表示一些栽培变种是由同一个亲本变来的。

2. 确立了连年选择变异植株(芽变和种子突变),可以创造新类型的朴素进化观。宋代学者刘蒙在《菊谱》①中写道:"尝闻莳花者云:花之形色变异如牡丹之类,岁取其变者以为新。"所谓"岁取其变者以为新",用现代科学术语说,就是连年选择变异植株或芽变,可以创造出新类型。

3. 最早注意到突变,提出原始形式的突变说,并用它解释物种的多样性。明代学者夏之臣曾对亳州牡丹类型和变种繁复的事实作了理论上的探讨,总结出两条原因:"牡丹其种类异者,其种子之忽变者也;其种类繁者,其栽接之捷径者也,此其所以盛也。"在夏氏看来,牡丹变种多的原因主要是由于种子突变,其次是人们靠嫁接这条捷径,把各种类型保存下来,所以品种才繁盛。

在19世纪英国著名科学家达尔文提出进化论以前,我国积累的有关牡丹栽培的经验和理论,在世界生物学史上居于领先地位,今天,对各国园林事业和城市绿化也仍有参考价值。

---

① 这是中国最早的《菊谱》,成书于宋崇宁三年(1104年),也是世界上第一部艺菊专著。全书收录了35种菊花品种(补遗6种),其中指出了变异植株可成为新种的观察记录。

螟蛉义子

昆虫寄生现象的发现

"螟蛉义子"(也说"螟蛉子"),源自《诗经·小雅·小宛》:"螟蛉有子,蜾蠃负之。"

螟蛉,古代解释是"桑虫"、"桑上小青虫";蜾蠃,古代解释是"蒲卢"、"土蜂"、"细腰蜂"。古人起先误认为蜾蠃不产子,喂养螟蛉为子,因此用"螟蛉"比喻义子。后来通过学者的观察,认识到这是一种寄生现象,纠正了以前的错误,但"螟蛉义子"的用法却保留了下来。

现代生物学对"螟蛉"的解释是鳞翅目昆虫的青色细小幼虫;"蜾蠃"是细腰蜂,属于细腰蜂科。

从《诗经》中可以看出,早在三千多年前,古人就已经观察到

"蜾蠃"有捕捉其他昆虫幼虫的习性。捕捉来幼虫做什么用呢？这在先秦史籍中没有记载说明。汉代学者试图解释这一现象，扬雄在其所著《法言》中说："螟蛉之子，殖而逢，蜾蠃祝之曰：'类我，类我。'久则肖之矣。"扬雄的意思是说，蜾蠃捕来幼小的螟蛉向它念咒："像我！像我！"叫得时间长了，螟蛉就变成了蜾蠃。有不少学者不加分析地就相信了扬雄的说法，并且一些人还添枝加叶，将错误继续发展。不过，也有学者表示怀疑，他们细心观察，逐步解开了"螟蛉有子，蜾蠃负之"的秘密。

公元6世纪初，南朝名医陶弘景根据自己的观察，批驳了扬雄的错误说法。陶弘景说："（蜂）此类甚多。虽名土蜂，不就土中为窟，谓揵土作房尔。今一种黑色，腰甚细，衔泥于人室及器物边作房，如并竹管者是也。其生子如粟米大居中，乃捕取草上青蜘蛛十余枚满中，仍塞口，以拟其子大为粮也。其一种入芦竹管中者，亦取草上青虫，一名蜾蠃。诗人云：'螟蛉有子，蜾蠃负之。'言细腰物无雌，皆取青虫，教祝便变成己子，斯为谬矣。造诗者乃可不详，未审夫子何为因其僻邪。圣人有阙，多皆类此。"根据所观察到的事实，陶弘景明确指出：把细腰蜂捕捉青虫说成是为了把青虫教化成为自己的子代，这是错误的。

五代时，后蜀国学者韩保升进一步用事实支持了陶弘景的观点。他在其所著《蜀本草》中写道：曾有人把蜂做的巢穴拆开观察，看到的情形同陶弘景所见一样。宋代，不少学者拆窠进行观察，都同意陶弘景的观点。寇宗奭细致观察到,细腰蜂是将卵产在被捕捉的青虫身上的。彭乘和范处义两人还以新发现的事实,补充陶弘景学说中不完备的地方。明代末年,皇甫汸在《解颐新语》一书中指出,螟蛉虫在窠内并没有死,但也不能活动。他还仔细地观察到,如果被获物是蜘蛛的话,那么蜾蠃是将卵产在蜘蛛腹胁的中间,它和蝇蛆在蚕身上产卵是一样的。

在陶弘景提出上述观点1400年后,法国著名昆虫学家法布尔对细腰蜂的生殖行为做了非常详细的研究。把他的研究结果与陶弘景等人的发现对照来看,可知陶弘景等人对昆虫的认真观察是近代科学式的,所得的结论是完全正确的。

除了蜾蠃,中国古代也注意观察到其他的昆虫寄生现象。如两千多年前的《尔雅》一书就已提到一种寄生蝇叫"蠁",这是古人在养蚕实践中发现的。晋代郭璞在为《尔雅》作注时说,"蠁"还有一个名字叫"蛹虫"。宋代陆佃《埤雅》有清楚的解释:"蠁,旧说:蝇于

《尔雅音图》所载蜾蠃图

《尔雅音图》所载国貉虫蟓图

蚕身乳子,即茧化而成蛆,俗呼蟓子,入土为蝇。"就是说,蟓这种寄生蝇在蚕身上产卵,等到蚕吐丝成茧时,蝇卵便在蚕蛹中孵化为蝇蛆虫,俗称蟓子,这种蝇蛆钻进土中,不久就化为蝇。现在我们知道,古人所说的蟓虫,实际上就是多化性的蚕蛆蝇,它的幼虫寄生于蚕体,便造成了家蚕蝇蛆病害。由此可以看出,郭璞之所以又把蟓叫做"蛹虫",是因为这种寄生蝇是蚕的主要虫害之一,而它的幼虫(蛆)在离开蚕体之前,多半是生活在家蚕生活史中的蛹期,所以蛹虫有蛹中之虫的意思。这说明我国至迟在晋代,已知道蚕蛆蝇的寄生现象了。

螳螂捕蝉，黄雀在后
古代对食物链的认识

"螳螂捕蝉，黄雀在后"，出自《庄子·山木》："庄周游于雕陵之樊，睹一异鹊自南方来者，……执弹而留之。睹一蝉，方得美荫而忘其身；螳螂执翳而搏之，见得而忘其形；异鹊从而利之，见利而忘其真。"后人用此成语，常比喻只看见前面可得手的利益，不知道祸害就在后面；也讽刺某些人妄想侵害看起来比他弱小的对方，而不知自己已处在更强的第三者的威胁之下。

《庄子》的故事后来在其他古籍中也有记载，只是异鹊换为黄雀，文字改得浅显明白。可见这个成语反映了古人对食物链的认识。

《庄子》的故事揭示了蝉——螳螂——异鹊这种天敌关系，也即食物链关系。在中国历史上,古人对动物的食物链还有其他一些认识。

《庄子·山木》的故事讲到,庄子看到鸟吃螳螂、螳螂吃蝉的制约关系后感叹:"物固相累,二类相召也!"意思是说,物类互相累害,是由于两者互相召引所致!这里,庄子所看到的动物相食关系,实际上是一条生物食物链,在食物链中,不同种类生物之间的斗争是不可避免的。

关于动物相食的观念,在文物和文献上都有反映。如在云南江川李家山滇文化墓群出土的一片战国青铜臂甲上,有动物相食的有趣刻画。青铜臂甲上刻有17只动物,可分成两组。第一组13只动物,有两只老虎,其中一只咬着野猪,另一只扑向双鹿;一只猿正在攀树逃避;此外还刻有甲虫、鱼、虾等小动物。第二组的画面上有两只雄鸡,其中一只啄着一条蜥蜴,而蜥蜴旁边的蛾和甲虫,则显然是蜥蜴的食物;另一只鸡则被一只野狸咬住。在第一组刻画中,反映了老虎、野猪和鹿构成的食物链。在第二组刻画中,表现了野狸吃鸡,鸡吃蜥蜴,蜥蜴吃小虫(蛾和甲虫)的关系。

古人在生物界中还观察到许多食物链和"两类相召"的现象。《淮南子·说林训》中有"腾蛇游雾,而殆于蝍蛆"的记载。即是说,腾蛇虽有腾云驾雾的本领,但也要败于蜈蚣(蝍蛆)。在古代可能有一种能够制服蛇的大蜈蚣,见宋代陆佃《埤雅》卷十记载:"蜈蚣性能制蛇,卒见大蛇,便缘而噉其脑。"古人不仅知道蜈蚣吃蛇,而且也知道蛇吃蛙。而蛙呢,又会吃蜈蚣。《关尹子》记载:"蝍蛆食蛇,蛇食蛙,蛙食蝍蛆,互相食也。"《埤雅》中也有类似记述:"蝍蛆搏蛇。旧说蟾蜍食蝍蛆,蝍蛆食蛇,蛇食蟾蜍,三物相值,莫敢先动。"在这里蛙已被蟾蜍替代,但仍符合自然界的实际情况。可见,我国远在宋代之前,对蜈蚣、蛇、蛙三种动物在自然界里表现出来的互相竞争、互相制约的关系已有深刻的了解。

云南出土青铜臂甲动物图像

在食物链中,生物间的相互关系是复杂的:一种动物往往既是捕食者,同时又是被食者。某一种生物既可以多种生物为食,它本身又可为多种生物所食,这样就形成复杂交错的关系。明代著名医药学家李时珍在《本草纲目》中分析了蛇的生态特点,列举了蛇所食的一系列动物和植物,而且也指出有一系列动物是以蛇为食物的。他说:"鸩步则蛇出,鸺鸣则蛇结。鹳、鹤、鹰、鹘、鹙,皆鸟之

食物链

食蛇者也;虎、猴、麂、麝、牛,皆兽之食蛇者也。蛇所食之虫,则蛙、鼠、燕、雀、蝙蝠、鸟雏;所食之草,则芹、茄、石楠、茱萸、蛇粟。"这充分说明,古人对蛇及其与周围环境的复杂关系,有相当清楚的观察和了解。

数 学

河图洛书

古老的幻方

"河图洛书",出自《周易·系辞上》:"河出图,洛出书,圣人则之。""河"即黄河;"洛"是洛水。据汉代学者孔安国、刘歆解说:伏羲氏时有龙马出于黄河,马背上有旋毛如黑点,称作龙图,伏羲取法以画八卦生蓍法。夏禹治水时有神龟出于洛水,背上有裂纹,纹如文字,禹取法而作《尚书·洪范》"九畴"。后代多以"河图洛书"为吉祥征兆用语。

以上先儒对"河图洛书"的说法显然有浓厚的神秘色彩。撇开这些不论,河图洛书实际可看作简单形式的幻方,其中蕴藏着古代的组合数学思想。

"洛书"可看作一个三阶方阵,在这个方阵中,数字按对角线、横线相加,结果都等于15。这类的方阵又称为幻方。"河图"则是另一种形式的幻方,它是这样排列的:在抛开中间的5和10时,奇数和偶数各自相加都等于20("河图洛书"图中偶数均用黑点表示,奇数均用白点表示)。

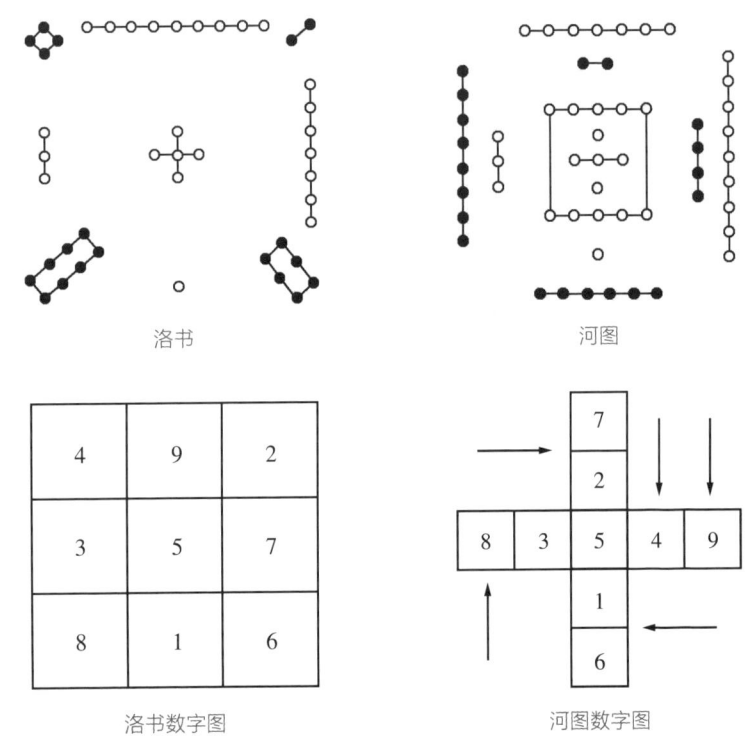

洛书　　　　　河图

洛书数字图　　　　　河图数字图

13世纪,幻方的数学意义由南宋数学家杨辉加以阐发,杨辉称幻方为"纵横图",并将它作为一个数学问题来加以研究。

杨辉在其所著《续古摘奇算法》中作纵横图十三幅,其中有:

洛书数（三阶幻方）一

四四图（四阶幻方）二

五五图（五阶幻方）二

六六图（六阶幻方）二

七七图（七阶幻方）二

六十四图（八阶幻方）二

九九图（九阶幻方）一

杨辉书中还叙述了某些幻方的构造方法，如四四图的易换术说："以十六子依次作四行排列，先以外四角对换，一换十六，四换

元代幻方铁板。这是一个六阶幻方，纵横都是六个古阿拉伯数字，纵、横、斜行总和都是111

十三,后以内四角对换,六换十一,七换十。"即由以下步骤作成四阶纵横图:

13	9	5	1
14	10	6	2
15	11	7	3
16	12	8	4

4	9	5	16
14	10	6	2
15	11	7	3
1	12	8	13

4	9	5	16
14	7	11	2
15	6	10	3
1	12	8	13

(1) 依次排四行　　(2) 外四角对换　　(3) 内四角对换

四四图

在西方,幻方的出现是公元2世纪的事。公元130年,希腊人塞翁在他的著作里第一次提到幻方,这比我国春秋时期的河图洛书要迟六百多年。对幻方的深入研究,也以中国最早。1514年,德国著名画家丢勒在他的一幅版画上绘制出了完整的四阶幻方。这比杨辉迟了两百多年,而且还不如杨辉研究的深入。

中规中矩

以成方圆的绘图测量技术

在古代,"规"指圆规,是画圆的工具;"矩"指矩尺,是画直角(方)的工具。见《孟子·离娄上》:"离娄之明,公输子之巧,不以规矩,不能成方圆。"文中"离娄",相传是黄帝时目力极强的人;"公输子",也即鲁班,是春秋末年的著名工匠。孟子的意思是说,即使是眼力极好的人,即使是有高超技巧的工匠,也要依赖规矩才能作成标准的方圆。

正因为古代使用规、矩可以作成标准的方和圆,因而"规矩"的含义很自然被引申,用于表示一定的标准、法则和习惯,产生了"规规矩矩"、"中规中矩"、"规行矩步"等成语。

规、矩产生于何时?据文献记载可溯至夏代。《史记·夏本纪》

记大禹治水说:"陆行乘车,水行乘船,泥行乘橇,山行乘檋。左准绳,右规矩。"表明大禹时代已使用规矩测量。

规的使用实际还可往前推。考古发现,西安半坡村距今约六七千年的氏族村落遗址,有规整的圆形房基,这表明当时已使用了原始的规(也可能是用一段绳子绕一定点旋转),在平整的地面上先作出房基图形,然后施工。距今约五千年的浙江良渚文化遗址出土的一件大玉璧,其直径达26.7厘米,外表光素无纹,边缘圆整,可想制作中也用到了原始的规。西安半坡遗址出土的彩陶器,在口沿上有十字和丁字形符号,平直两划已非常垂直,虽然当时不一定有矩的需要,但垂直的概念无疑已具备,这就为后来出现矩做了准备。

关于规、矩的形状,迄今所见最早的资料是山东嘉祥汉武梁祠画像石"伏羲执矩,女娲执规"图。从画像看,其规有平行两脚,一脚定心,一脚画圆。这种圆规犹如现今的木梁圆规,为画半径较大的圆所用。现今我国一些地方仍有圆木规,以稍厚的木片为梁,一端垂直固定一钉以定心,一端则根据需要尺寸钻出若干小孔,用以插入铁针作圆。专家认为,这很可能就是我国几千年所用的传统画图工具。

古代的矩,根据古字形最初应是"工"形,作"L"形的曲尺则是其改进形。古代矩和目前有些地方的木工仍使用的木角尺形式相同。木角尺中短垂边较厚,长垂边较薄,并有刻度。当短边靠拢工

汉画像石"伏羲执矩,女娲执规"图

件时,不仅可画出与工件边缘垂直的直线,而且移动时,以竹笔或其他笔对准刻度紧附尺边,还可画出与工件平行的直线以及矩形或方形等榫口形象,起着现代三角板和丁字尺联合使用的某些作用。

"规"和"矩"为画方圆的工具,所画出的圆的和方的图形也可以称"规"称"矩"。张衡《东京赋》:"规天矩地,授时顺乡(向)","规天矩地"就是圆天方地。

"规"和"矩"是画方圆的工具,也是测定物的方或圆的标准,所以"规矩"比较容易被引申来比喻制度、规范、准则之类,如《韩非子·解老》说"万物莫不有规矩"。现代这种用法就更多了。如常说"循规蹈矩",就是守纪律或成规、莫乱行动的意思。

大概由于"规"在"规矩"一词中处于首字位置的缘故,在以"规矩、准则"等意义组成的合成词中,一般都用"规"而不用"矩"。如学校的法度纪律叫"校规",家庭的礼仪规章叫"家规",通常的惯例叫"常规",过时的规章制度叫"陈规",符合正式规定或一般公认标准的叫"正规"等。

关于规矩有很多有趣的话题。1910年清末第二批庚子赔款赴美留学考试,国文以《孟子》的"不以规矩,不能成方圆"为题。当时应考者有430人,胡适是考生之一。国文安排为第一场考试。胡适文史功底很好,他觉得这个题目不易发挥,从考据的角度他认为根据《周髀算经》所述的作圆方法,可以推断当时还没有画圆的"规"。孔子说"不逾矩",未涉及"规"。至墨子和孟子时,才开始有"规"和"矩"并用的说法。基于此胡适得出结论:"规"是在周之末世出现的。胡适这一科得了满分。

当然,我们今天不会采用胡适的说法,我们重视文献,也重视出土实物。

不管三七二十一

九九乘法口诀的历史

"不管三七二十一",出自《战国策·齐策一》。纵横家苏秦为了合纵抗秦,东游齐国,劝说齐宣王。谈到征兵问题时,苏秦说:"临淄之中七万户,臣窃度之,下户三男子,三七二十一万,不待发于远县,而临淄之卒,固以二十一万矣。"按苏秦的估计,齐国临淄城内每户不少于三个男子,算下来就是二七二十一万人。如果抗秦打仗需要兵源,不必到别处招募,单是一个临淄城就能有二十一万士兵。

显然,苏秦这样说话是不符合实际的。他的计算全然不考虑老弱病残等具体因素。所以后来人们便用"不管三七二十一"来形容不分是非情由、不管一切的作为。

"三七二十一"本是一句乘法口诀,由此我们来看一下有关古代乘法口诀的记载。

古代数学的发展是由简单到复杂,先出现加减法,再有乘除法,古人为计算方便,又编出乘法口诀,并逐步加以完善。

今天我们所用的乘法口诀是自"一一得一"始,至"九九八十一"止,共四十五句。古代起初却自"九九八十一"始,至"二二如四"止,共三十六句。缺"一一如一"到"一九如九"九句。正因为是从"九九八十一"开始,所以把它称作"九九",这一名称一直沿用下来。

九九歌诀产生的时代已无从查考。从目前自古籍中搜集到的九九歌诀看,以托名春秋时代齐相管仲所作的《管子》一书,记载得最早并保存条数较多。据统计有以下八条:

七九六十三,七八五十六,七七四十九,六七四十二,五七三十五,四七二十八,三七二十一,二七一十四。

春秋时代,齐国已是政治、经济、军事大国,也是一个文化发达、学术繁荣之国。据《吕氏春秋》《韩诗外传》等古籍记载,齐桓公为称霸天下,特以优厚待遇招揽人才。等了一年,竟然无人应聘。其后有一人晋见桓公,呈上"九九"作为表示才学的条件。桓公觉得可笑,因为这未免太简单了,便鄙视地问:"九九足以见乎?"那人显然有心理准备,沉着地回答:"夫九九薄能耳,而君犹礼之,况贤于九九者乎?"意思是说,九九歌诀确实够不上什么才学,但若大王对只懂九九歌诀的人都能重礼相待,那么还怕高明的人才不

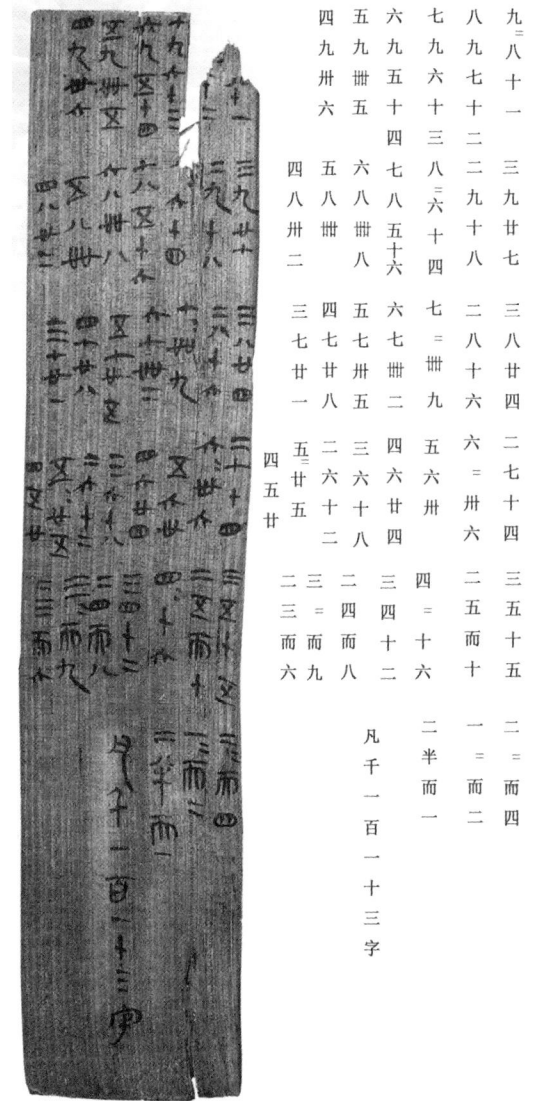

秦简记载的乘法口诀

会来吗？如此一说，桓公觉得有理，便以礼相待。消息传开，不到一月，各国有才华者纷纷前来，齐国一时人才济济，成为历史上招贤纳士的一段佳话。

从这个故事可见，至迟在春秋战国时代，九九歌诀便已广为人知，成为普及的知识。

把"九九歌"扩充至"一一如一"，这是公元5~10世纪间的事，约成书于5世纪的《孙子算经》中已有"九九歌"的完备记载。约到十三四世纪，"九九歌"的顺序变成和现代所用的一样，即由"一一如一"开始，至"九九八十一"结束。

为什么"九九歌"的顺序一度是颠倒的？有一种说法是，最初的顺序其实是由"二二如四"到"九九八十一"，后来人为地加以改变。改变的根据是来自标准律管的长度和直径，即律管长九寸，径九分，这就出来"九九八十一"。此种律管既定为标准，因此乘法口诀也就随着颠倒。(参见中外数学简史编写组：《中国数学简史》，山东教育出版社，1986年，第45页)这又引出一个问题，律管的长度和直径为何统一为"九"？显然有更深一层的原因，愿有兴趣的读者进一步探讨。

最后作个补充，2014年出版的《清华大学藏战国竹简(肆)》，其中有专家解读古《算表》，这是一个比一般"九九"更大、结构严整的算表，可称为大"九九"，而原来的"九九表"可称为小"九九"。大"九九"的发现，证实小"九九"确实早已有之。

运筹帷幄
古代的算筹和筹算法

"运筹帷幄",出自《史记·太史公自序》:"运筹帷幄之中,制胜于无形。"意指在帐幕中谋划计谋。

筹,指算筹,亦称"筹策",是中国古代用于计算的工具;帷幄,指古代军队里用的帐幕。"运筹"本义是指利用算筹进行计算,筹算的技术在古代也称作"算术",算术这一名称恰当地概括了中国古代数学依赖于算筹并以算为中心的特点。

"运筹帷幄"后引申表示在后方决定作战策略,泛指筹划决策。

算筹,一般用竹子制成,也有用骨制或铁制。算筹起于何时,至今未有定论。《史记索隐·历书》说,"隶首作算数"。隶首是传说中黄帝时代的人物,距今约4500年,这未可全信。据数学史学者研究，算筹作为记数和计算工具很可能产生于西周（约公元前10世纪）或许更早，而普遍地使用则是在秦汉时期。

秦以前算筹的形制无法确考。汉代算筹见于《汉书·律历志》记载："其算法用竹，径一分，长六寸，二百七十一枚而成六觚，为一握。""六觚"是六角形筒状容器，每筒盛算筹271根；汉尺每尺合今23厘米，"径一分"合0.23厘米，"长六寸"合13.8厘米。实物在陕西、河北等地都有出土。算筹太长太细，不便操作，所以汉以后的算筹逐渐改短、增粗，横截面形状也由圆形变为正三角形或正方形。

用算筹摆成数字进行计算称为筹算，所以"算术"的原意指筹算的技术，这是中国数学特有的名称。算术这一名称恰当地概括了中国古代数学依赖于算筹并以算为中心的特点。

筹算数目是由算筹摆出来的。算筹的功用大致和后世的算盘珠相仿。5以下的数目，用几根筹就表示几个；6、7、8、9四个数目，则用一根筹放在上边表示5，余下来的数，每一根筹表示一个单位。算筹表示数字有两种形式，一种是纵式，一种是横式，如下图所示：

纵式：丨 丨丨 丨丨丨 丨丨丨丨 丨丨丨丨丨 T ⊤ ⊤⊤ ⊤⊤⊤

横式：一 二 三 ≡ ≣ ⊥ ⊥ ⊥⊥ ⊥⊥⊥

1 2 3 4 5 6 7 8 9

九个基本数的摆法

在这基础上,利用位值原理和纵横相间的办法可摆出一切多位数。具体即个位用纵式,十位用横式,百位再用纵式,千位再用横式……依次类推。遇到零时,就在那位置上留下空位。例如283可摆成ⅡⅢⅢ,2603可摆成═╤ Ⅲ。

可以看出,这种算筹记数法和现代通行的十进位制记数法是完全一致的。科学史界公认,中国是世界上最早发明和使用十进位制记数法的国家。

与笔算一样,筹算的基础是加减乘除四则运算。把算筹数字布在一个方形木盘(算盘)上,按照规则便可以进行运算。加减法最简单,上下摆上数字,同位对齐,从左至右逐位相加或相减,很像现在的珠算法。乘除法也不难,基本过程是放筹和运筹。

乘法分三层放筹,上下层放乘数(无被乘数与乘数之别)。运筹时由上数首位从左向右依次与下数各位数相乘,乘完后去掉这位的算筹,再用次位数去乘,连续做下去,直到乘完,上下两数都去掉。最后将逐次相乘之积的对应位上的数相加即可。例如:36×28,最后结果得1008。筹算过程如下图所示:

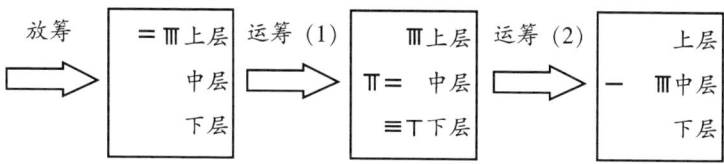

乘法的筹算过程。放筹:下层的最低位数与上层的最高位数对齐;运筹(1):从上层乘数的最高位数20起乘,乘后去掉这个数,下层乘数向右移一位;运筹(2):上层乘数的次位数8乘下层乘数,将乘得的结果720相加

筹算

筹算把除法看作乘法的逆运算，基本步骤也是放筹与运筹。放筹时也分三层，上层放商，中间放被除数（古代称实），下层放除数（古代称法）。除数摆在被除数够除的那一位之下，除完向右移动。

　　算筹在我国一直使用到15世纪，随着西方数学的传入，逐渐退出历史舞台，但与算筹有关的语汇保留下来。20世纪40年代，西方创立"Operation Research"学科，传入中国时，该术语如何译成中文，一时找不到合适的表达。后来中国科学家提议用"运筹"的意思比较恰切，于是就有了"运筹学"译名，当然，也赋予"运筹"在数学上的新含义。

一举而三役济

古代的运筹学方法

沈括《梦溪笔谈》记载,北宋祥符年间,汴京(今河南开封)宫中失火,许多建筑遭毁。宋真宗命宰相丁谓(后封晋国公)主持重建。"丁晋公主营复宫室,患取土远。公乃令凿通衢取土,不日皆成巨堑。乃决汴水入堑中,引诸道竹木排筏及船运杂材,尽自堑中入至宫门。事毕,却以斥弃瓦砾灰壤实于堑中,复为街衢。一举而三役济,计省费以亿万计。"

丁谓受命"营复宫室"的故事,体现的正是运筹学中最优化方法的运用,可谓是"一举三得"之举。

运筹学主要研究经济活动、军事活动乃至日常生活中有关调度、计划、安排、管理等方面的问题;在数学上,就是建立数学模型并利用数学方法推求最优结果的问题。运筹学包括对策论、规划论、排队论、最优化方法等许多分支。丁谓"营复宫室"问题属于规划论或最优化方法的研究范围。规划论产生于物资调运方面的需要,主要研究对象是计划管理中有关安排和估值的问题。最优化方法则是研究怎样在给定的条件下,充分利用现有的人力物力,使得完成某一项工作最快、最省或质量最好。两者的共同目标都是根据问题的性质和实际要求,从多种方案中选取一种最优(或较优)的方案。

对于"营复宫室"这项工作中涉及的几项任务,我们可仿照规划论中的图上作业法原理,进行一些简单的分析:如图(1)所示,P为施工点,A为取土点,C为建筑垃圾倾倒点,B为接近施工点的建筑材料转运站(如码头)。在工程中,施工方案的合理与否,由很多因素决定,其中包含了物资调运计划。而在一般情况下,物资调运计划是否合理可以从运输力最省(或运费最少)来衡量。在"营复宫室"问题中,关键是要缩小PAC(或PA+PC)路线的距离,并且最好能缩短PB的距离,或者减少从B到P的运输力。易于想到,如果把取土点和建筑垃圾倾倒点合在一起,如图(2)所示,显然会节省运输力。在这种情况下,进一步的措施应是设法缩短PA(PC)的距离。丁谓在主持修复工作中,经过分析研究实施的是一个非常合理的方案:直接挖开皇宫前的大街取土,取土后大街变成一条大沟,再把汴京附近的汴水引入大沟,于是运送建筑材料的船只和竹

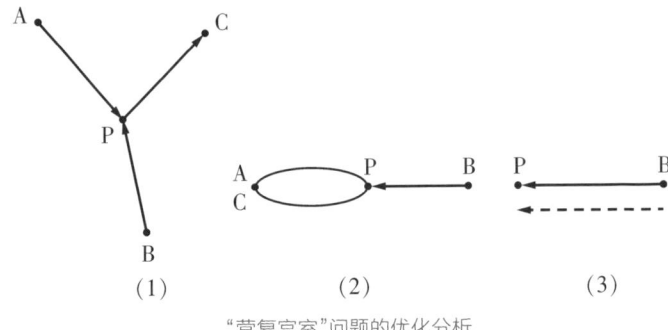

"营复宫室"问题的优化分析

筏可直抵宫前。竣工之后,又把废弃物填进沟里,重新恢复了原来的大街。这个方案即把图上的PAC路线缩短为零。另外,如图(3)所示,用虚线表示用于PB的水上运输力,用实线表示用于PB的陆上运输力,显然,前者要比后者省得多,从而一举解决了就地取土、材料运输和建筑垃圾处理这三个事烦费力的重要问题。

《梦溪笔谈》还记述了其他类似的一举数得的实例。如见《补笔谈卷二》记载:

国初,两浙献龙船,长二十余丈,上为宫室层楼,设御榻,以备游幸。岁久腹败,欲修治,而水中不可施工。熙宁中,宦官黄怀信献计,于金明池北凿大澳,可容龙船,其下置柱,以大木梁其上,乃决水入澳,引船当梁上,即车出澳中水,船乃笐于空中,完补讫,复以水浮船,撤去梁柱。以大屋蒙之,遂为藏船之室,永无暴露之患。

水边停放船只的地方叫做"澳"。黄怀信提出的施工方案,实际上相当于在金明池畔建造了一处简易的干船坞,巧妙地解决了修理龙船问题。又如《梦溪笔谈》卷十三记载：

> 苏州至昆山县凡六十里，皆浅水，无陆途。民颇病涉，久欲为长堤。但苏州皆泽国，无处求土。嘉祐中，人有献计，就水中以藁荐、乌稿为墙，栽两行，相去三尺。去墙六丈又为一墙，亦如此。浥水中淤泥实藁荐中，候干，则以水车汱去两墙之间旧水。墙间六丈皆土，留其半以为堤脚，掘其半为渠，取土以为堤。每三四里则为一桥，以通南北之水。不日堤成，至今为利。

这段引文大意是，人们打算在苏州和昆山之间修筑一座长堤，但问题是无处取土。宋仁宗嘉祐年间，有人提出一个方案：利用草席和草把等在水中修成相距六丈的两堵草泥墙，然后抽去两墙之间的水，于是就出现了六丈宽的陆地，再以一半为堤基，另一半取土筑堤。这样一来既解决了就地取土，节省了劳力，完工速度也很快，并且筑墙方法合乎实际，修桥通水也考虑得很周到。显然，这是一个相当好的施工方案。以上"修理龙船"和"修筑堤路"两个事例，与"营复宫室"虽说是不同的工程，但其施工方案有异曲同工之妙，都体现了古代朴素的运筹思想。

赛马之策
古代的对策论方法

"赛马之策"(也称"田忌赛马"),出自《史记·孙子吴起列传》记载:齐国大将田忌喜与齐威王及诸公子赛马赌钱,但因田忌的马每等都较齐威王的马略逊一筹,所以田忌常常赌输。门客孙膑(后为齐国军师)向田忌献计说:"臣能令君胜。"田忌听了很高兴,就下了千金的赌注,与齐威王及诸公子比赛看谁的马快。临到比赛开始的时候,孙膑说:"今以君之下驷与彼上驷,取君上驷与彼中驷,取君中驷与彼下驷。"就是说要田忌分别用他的下、上、中三等马,去对付齐威王的上、中、下三等马。田忌照此行事,结果一输二赢,得王千金。

这个故事虽说的是赛马赌钱的博弈小技,但其中所蕴含的思想,却正是对策论的基本方法。关于对策论的运用,史书还有其他一些记载,从中可见古人科学方法的智慧。

对策论又称博弈论,是现代运筹学的一个分支,它主要是用数学方法来研究在竞争(包括战争、竞技、比赛等)中是否存在制胜对方的最优策略,以及如何找到这些策略等问题。作为数学理论方面的概括和总结,对策论主要是在第二次世界大战期间发展起来的,而对策论的思想萌芽却可以追溯到久远的年代,孙膑帮助田忌赛马赌胜的故事,就是一古老的例证。

用现代对策论的术语来说,田忌赛马实际上是一个"二人有限零和对策"。参加这个赛局的有两方,一方是齐威王,一方是田忌,所以称"二人对策";齐威王有马三等,田忌也有马三等,双方各自用哪一等马去对付对方的哪一等马,其策略个数为有限,所以又称"有限对策";而每场比赛赌注千金,输方要拿出千金,赢方则得到千金,双方输赢之和恰等于零,所以叫做"零和对策"。(参见周瀚光:《中国古代科学方法研究》,华东师范大学出版社,1992年)对于田忌来说,他虽然也有上、中、下三等马,但每等都比齐威王的差,明显处于劣势地位。在这种情况下,如何找出一种最优的策略,使劣势变为优势,就成了田忌一方能否取胜的关键。分析起来,田忌一方所能采取的策略不外乎六种(设田忌的三等马为田$_上$、田$_中$、田$_下$,齐威王的三等马为王$_上$、王$_中$、王$_下$),比赛结果见下:

① 田$_上$:王$_上$,田$_中$:王$_中$,田$_下$:王$_下$　　连负三场

明末刻本《新列国志》所载田忌赛马图

② 田_上:王_上,田_下:王_中,田_中:王_下　　二负一胜

③ 田_下:王_上,田_中:王_中,田_上:王_下　　二负一胜

④ 田_中:王_上,田_上:王_中,田_下:王_下　　二负一胜

⑤ 田_中:王_上,田_下:王_中,田_上:王_下　　二负一胜

⑥ 田_下:王_上,田_上:王_中,田_中:王_下　　二胜一负

很清楚,在上述六个策略中,有五个都是要输的(如上①到⑤),而采取最后一个策略却有可能取胜。"田忌赛马"问题有说服力地表明,在已有条件下,完全可以经过适当的筹划和安排,选择一个最优方案,取得好的结果。

这里再看一个类似"田忌赛马"的问题。北宋沈括《梦溪笔谈》卷十八载:"四人分曹共围棋者,有术可令必胜。以我曹不能者,立于彼曹能者之上,令但求急,先攻其必应,则彼曹能者,为其所制,不暇恤局,则常以我曹能者当彼不能者。此虞卿斗马术也。"沈括提出的"分曹共棋"方法显然受到"田忌赛马"(沈括称之为"虞卿斗马术",虞卿是战国时期赵国上卿)的启发。这个问题是,四名棋手分两组共下一局棋,用围棋术语说,就是下"联棋",类似于乒乓球的双打比赛。并假设双方各有一名棋力相当的高手,另一名棋手水平稍差,四名棋手分别以 A、B 和 A′、B′ 表示。同方两名棋手的利害完全一致,用对策论语言来说,可算作一个"局中人",因此,这是有两个"局中人"的对策现象。按着棋先后,每个局中人只有两个策略:(A、B),(B、A)和(A′、B′),(B′、A′),全体局中人的"得失"相

加总和等于"零"（一方胜利另一方负或出现和局），即是"二人有限零和对策"。沈括所选择的方案是使得着棋顺序为 B，A′，A，B′。B 的着棋策略是攻 A′必应，使其受到纠缠，不能脱手而受制，从而牵制 A′的棋力的发挥。这时 A 则有充分的主动性，可以从容审度大局，尽力发挥自己的作用，造成有利于己方的形势，以求得最终获胜。由于棋局千变万化，这种办法也许并不能保证"必胜"，但显然不难判断，这是 A、B 方可考虑采用的较优策略。下围棋是一种非常有趣的智力竞赛，上面只是对着棋顺序作了简单的说明，要对这类问题作进一步分析并提炼数学模型加以描述，那就复杂多了。例如在下联棋的情况下（B、A），（A′、B′），各着点，一般都有很多选择余地，无论是占实地，取外势，还是抢占要点，攻击弱棋，等等，都需经过仔细计算，才能判断得失，并且还有己方两人配合默契，正确领会同伴意图等问题。这类问题中所蕴含的对策论思想是显而易见的。

权衡轻重

度量衡标准的演变

权和衡,原本是古代称量物体轻重的器具名称。"权"是砝码或秤砣,"衡"是秤杆。"权衡"连用,从其含义的演变,可看到古代度量衡技术对文化的影响。

见《商君书·弱民》:"战不胜,守不固,此无法之所生也,释权衡而操轻重者。"这里的"轻重",已不是实指物体的轻重,而是抽象地如同"利弊"、"得失"。说"权衡轻重"或"权衡利弊"、"权衡得失",意在提醒自己或他人,多做调查分析,慎重行事。

权和衡,它们是什么时间出现的?目前尚无定论。由于权衡计量是一个比较量,与长度、容量相比,出现得可能晚一些。度量衡史专家认为,商代时青铜冶铸技术逐步成熟,青铜器种类多,数量大,在冶铸过程中可能已使用权和衡对不同金属配比的重量称重。

春秋战国时期,手工业和商业的发展促进了商品交换,衡重计量已明确有系统的单位和测量用具。先秦典籍《礼记·月令》记载:"同度量,平权衡",即要求长度和容积的标准要统一,权和衡的制作要准确。

战国时期,楚国创造了我国历史上第一种黄金货币——郢爰。为了在交易中快速、准确地称出金币的重量,确定其价值多少,楚人使用了制作精细的权衡器。1959年在湖南长沙左家公山楚墓出土了一套完整的权衡器,使我们可了解当时的称量。这套权衡器包括一件木衡杆和9枚环形权,权用青铜铸造,大者如儿童玩具车的轮子,小者如耳环。衡杆上没有刻度,中心有一提纽,杆两端各

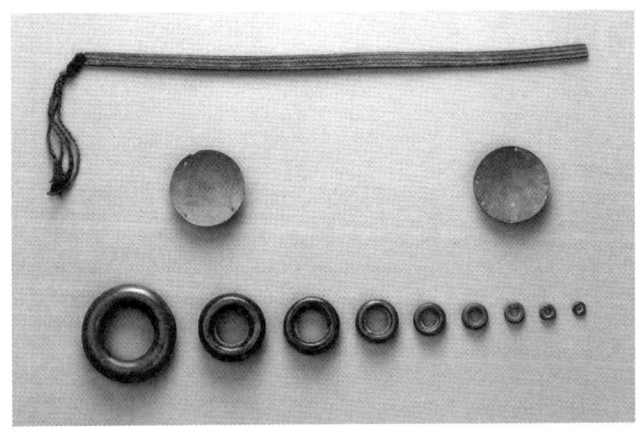

楚国权衡器

挂一个铜盘。该权衡器的结构原理和使用方法都类似今天的等臂天平,只是构造简单些。9枚铜权的重量数值以倍数递增,其间关系:1铢、2铢、3铢、6铢、12铢(半两)、1两、2两、4两、8两(半斤)。据专家研究,楚人的1铢约合今0.69克;1斤等于16两,约合250克,恰好是我们今天的半市斤。铜权的重量固定,同天平上的砝码性质一样,所称金币的重量可直接通过已知铜权(一枚或数枚)的重量来计算。

除了称量金银贵重物品的环形小铜权出土外,近些年考古还发现了一些鼻纽式铜权,如秦、赵等国用来称粮食和刍草的高奴禾石铜权、司马禾石铜权等,这种铜权已很像现在的秤砣。

权衡经历了不断发展和完善的过程。东汉时期开始使用提纽式不等臂衡器,也就是杆秤。南北朝时,南北方已都将杆秤作为常用衡器,而且有的秤杆上安有两个或三个纽。如南朝梁著名画家张僧繇所绘的执秤图(后人临摹有传世品)中,执秤者似在读杆上的刻度,其秤杆上有三个纽,显然分别用于称轻或重的物品。

宋代时,杆秤发展到比较成熟的阶段,权演变为"秤砣",作为称量的"权衡"被简称为"杆秤"或"秤",此后这一叫法沿用至今。

春秋战国时期,因"权衡"有准确称重的功能,学者常引申其义而用作衡量、比较的意义。如《荀子·大略》说:"礼之于正国家也,如权衡之于轻重也,如绳墨之于曲直也。"文中"权衡"、"绳墨"作为借喻,将具体器物的用途转为另一层意思。后世学者也多用引申

明代戥秤,砣底部刻"万历年造"

义。如北齐刘昼在《刘子·从化》中说:"故权衡虽正,不能无毫厘之差;钧石虽平,不能无抄撮之较。"意思是说,称物体时,即使把衡杆摆得平平的,也难以保证就没有毫厘的短缺。说明权衡之器不是百分之百的正确,所以权衡时宜,还得谨慎从事。

今天,我们已习惯用"权衡"的借喻转义,然而不要忘记,"权"和"衡"最初是两件称重的器具,体现了古人的创造发明。

举一反三
古代逻辑学的认识方法

"举一反三",意指从一件事可以类推出许多同类事理,出自《论语·述而》,孔子说:"不愤不启,不悱不发,举一隅不以三隅反,则不复也。"原文体现了孔子的教育观念和方法,激发学生主动思考的能力,让受教育者开启心灵。

"举一反三",由于这一方法具有思维规律上的普遍意义,所以也为历代的科学家所重视。

孔子"举一反三"的话,意思是说,教导学生,不到他心求通而未得、口欲言而未能时,不去启发开导他。教给他一个方面,如果他不能由此而推知相同类型的其他多个方面,那么这样的学生也就不再去教他。孔子的这一思想在《论语》中反复出现,有时表述为"闻一以知十"(《论语·公冶长》),有时也称作"告诸往而知来者"(《论语·学而》)。按朱熹注,"往"、"来"的意思是:"往者,其所已言者;来者,其所未言者。"战国末期,著名思想家荀子也有类似孔子的命题表述,叫做"以一知万"。其方法论的意义,主要就是通过对事物的类的本质的把握去推知该类的其他一切事物。

清焦秉贞《孔子圣迹图》之"删述六经"

那么,不同类的事物能不能举一反三呢?孔子认为也是可以的。按《论语》记载,一次,孔子教导学生子贡,要在贫穷时刻苦求道,富贵时仍不忘学礼时,子贡忽然说:"《诗》云:'如切如磋,如琢如磨。'其斯之谓与?"子贡从培养道德一下子联想到学习《诗经》,又从刻制骨角和琢制玉器推想到做人的道理,他的体会实际是超出了同类相推的范围。而孔子对子贡的敏捷思维大加赞赏说:"赐也,……告诸往而知来者。"看来,孔子是肯定不同类的事物可以联系进行举一反三。

儒家"举一反三"的认识方法虽然主要是用来培养道德品质和学习文化典籍,但由于这一方法具有思维规律上的普遍意义,所以也为古代的科学家所重视和运用。例如,中国古代最早的数理天文学著作《周髀算经》中,有一段托名陈子教导荣方的话:

夫道术,言约而用博者,智类之明。问一类而以万事达者,谓之知道。……是故能类以合类,此贤者业精习智之质也。

这段话明显体现了"举一反三"在具体学科领域中的运用。所谓"言约而用博","问一类而以万事达","类以合类"等,正是孔子"举一反三"、"闻一知十"和荀子"以一知万"的意思。在古代科学家看来,这便是"道术"(求学的方法),便是学问知识能不能有所长进的关键所在。三国时代吴国数学家赵爽对这段话的注释更是直接引用了孔子的原话:"凡教之道,不愤不启,不悱不发。愤而悱之,然后启发。……举一隅,使及之以三也。"

魏晋时的数学家刘徽也很精通"举一反三"的思维方法,他很重视对数学中普遍原则("都术")的研究,并认为掌握了这些"都术",就可以解各种不同的算题。比如"今有术"就是一种"都术",弄通了"今有术",便"可以广施诸率,所谓告往而知来,举一隅而三隅反者也"。(《九章算术注》)刘徽在数学上的许多创见,正是与这种思维方法有关。他在《九章算术注序》中也说:"事类相推,各有攸归,故枝条虽分而同本干者,知发其一端而已。"这种从"本干"之

"一端"推向"枝条"之分殊的方法,也正是"举一反三"、"以一知万"的思维途径。(参见周瀚光:《中国古代科学方法研究》,华东师范大学出版社,1992年)

综而述之,"举一反三"的方法包含了归纳和演绎,也包含了联想和类比。从归纳和演绎讲,是要求在把握了某一类事物的典型例子即作归纳之后,再能够用所得的一般原理推广到该类的其他事物,这便是从一般到个别的演绎。只要事物的分类和归纳不发生错误,那么从中得出一般原理是一定适合该类的一切个别事物的。

从联想和类比讲,不同类的事物之间完全可以联系,由它们已知的相同或相似特征来推知其他的相同或相似特征。联想和类比对于科学发现、技术发明创造有着重要的方法论意义。但是由于类比的结论是或然的(即可能正确也可能荒谬),这就要求必须经过检验才能确证。而中国古代科学研究中恰缺乏有意识的检验论证,客观地说,这是中国古代科学的一个弱点。

建筑

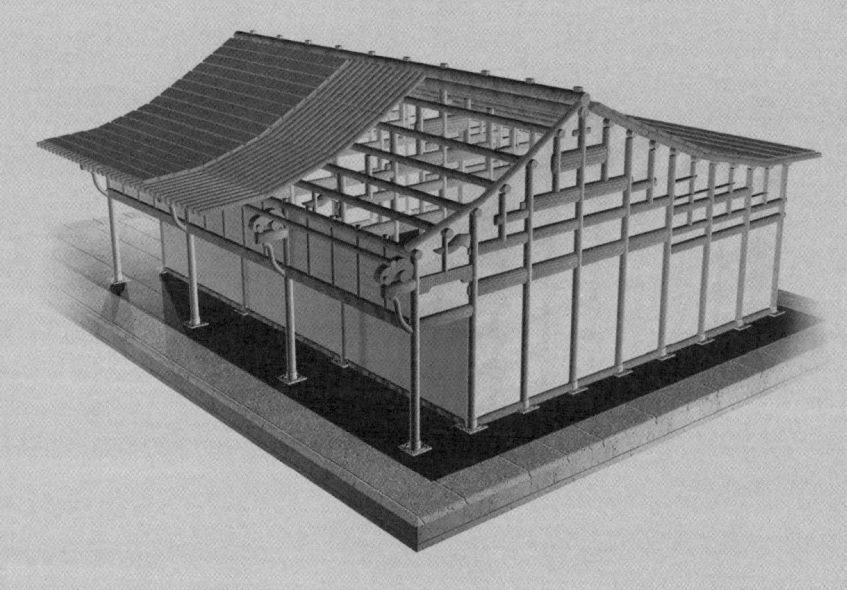

来龙去脉
古代对居住环境的认识

"来龙去脉",见明代吾邱瑞《运甓记》:"此间前冈有块好地,来龙去脉,靠岭朝山,种种合格。"古代风水先生(堪舆家)讲究山川形势,他们称山脉的起伏为"龙",其主峰称为"来龙";山谷中河流称为"脉",而其主流则称为"去脉"。

抛去古代风水的迷信成分,可以看出古人对居住环境的认识有一定的科学内容。后来这一成语又引用到其他领域,常用来比喻人、物的来历或事情的前因后果。

古人在长期的生活实践中认识到居住地与自然条件的关系,如将住房建在河流的北边,山坡的南边,住宅可以接纳更多的阳光,躲避凛冽的寒风;既可以避免洪水的侵袭,又可引水浇灌田地。

《钦定书经图说》所载太保相宅图

如左右再有山丘围护，易守难攻，环境则更为理想。

不过，好环境不是随处可寻的，当不能取得理想的环境时，一些人就企图借助超自然的神秘力量从心理上获得某种补偿，逐步把对各种地形的观察同神秘迹象、征兆联系起来，就形成了风水学。

古代风水学在发展过程中，风水先生充分利用了古代地理学和水文学的成果，并大大加以发挥。

中国早期地理学知识比较发达，约在战国时期就出现了区域性的地理著作《山经》和《禹贡》。《山经》突出讲了区域地形，把中国的山地分为南、西、北、东、中五个走向系统，每个系统中有起首、结尾和伸展方向。《禹贡》全书由"九州"、"导山"、"导水"和"五服"四部分组成。两书均对山丘进行了系统的归纳和总结，并以山为纲讨论了地域位置、山系、水系、矿产资源等。

西北山脉的主峰昆仑山在中国文化地理中占有很重要的地位，风水先生对昆仑山格外重视，察山必求与昆仑山脉的关系：中国在昆仑山的东南面，天下山脉，祖于昆仑，下生"三龙入中国"。"三龙"是指山脉的三大干系，以黄河、长

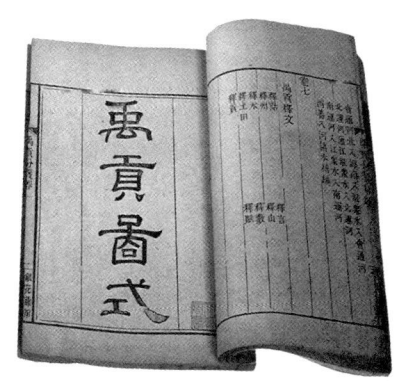

《禹贡》书影

江为中界,将南北地域分为南干、中干与北干。北干系指黄河以北的广大区域诸山,山脉从西北高原延展而来,主脉山脊以西之水,流入龙门西河;山系一支脉为太行山,太行山绵延千里,其最长一分支为燕山山脉。中干系指黄河与长江之间的地域山系,其山脉由蜀汉而来,一支至长安,而尽于关中;一支下函谷,以至嵩岳,支尽泰山。南干系指长江以南区域诸山系,其主脉祖于岷山,也有若干分支。

风水先生将山系分支作为山脉祖宗支派的大纲,若要探寻龙脉之来源,必先洞悉以上诸山之支派,依次认"龙",按图索骥。

风水先生也大量吸收了古代水文学的成果。如成书于三国时期的《水经》是我国第一部描述水系分布的专著,书中记述了黄河和长江等137条河流,不仅说明其发源地、流向和归宿,而且较详细地说明了经行之地、主支流的空间展布和次序。北魏科学家郦道元撰巨著《水经注》,将河流数量增补至1252条,其描述水系不仅比《水经》详细,而且还记述了水系的演变及其鉴别方法、水系区域及水汛和泥沙等特征。水文地理的这些成果皆为风水先生所取用,他们把水系河流也比喻为"龙"。

山与水被喻为"龙",或许山脉的起伏和河流的曲折婉转,真有几分像活灵活现的"龙"一般吧。

总归中国山脉水系的大概以及纳阳御寒的气候实利功能,风水先生概括出了一个"风水宝地"的环境模式。这个环境模式是一种理想的背山面水、左右围护的格局：建筑基址背后有座山"来龙"，其北有连绵高山群峰为屏障；左右有低岭岗阜"青龙"、"白虎"环抱围护；前有池塘或河流婉转经过；水前又有远山近丘的朝案呼应。基址恰处于这个山环水抱的中央，内有千顷良田，山林葱郁，河水清明。这种环境模式既适于寺庙，也适于村镇或庄园，见村落选址图。

最佳村落选址

从现代科学来分析，基址背后的山峦可作冬季北来寒风的屏障；面水可承夏季南来的凉风，争取良好的日照，并可取得用水、排水的方便条件；缓坡有利于避免洪涝之灾；左右围护，植被茂盛，形成的封闭空间有利于形成良好的生态环境和局部小气候；在战乱的年代还是易守难攻的地形。总之，这种地形环境适合于中国的气候特点，也适合于中国古代以农为主的自给自足的小农经济生产方式，应该说有它一定的合理性。

升堂入室
古代房屋的建筑格局

"升堂入室",也作"登堂入室",见《论语·先进》:"子曰:'由也升堂矣,未入于室也。'"大意是,孔子说:"子由吗,学问已经不错了,只是还不够精深罢了。"

古代的"堂"指正厅,"室"指内室。先入门,再升堂,最后入室,这是古代房屋的格局。后来,"升堂入室"也转义表示做学问的几个阶段,"入室"犹如今天说功夫"到家",比喻学问达到了精深地步。

古代的建筑发展经历了一个漫长过程。原始人最早利用天然崖洞避风挡寒,后来逐渐发展出在平地上建造浅穴式的房屋。再进一步发展,有了地上建筑,用版筑方法立墙,用木料建造屋顶。

随着部落的扩大,兴建城市,宫廷和贵族的房屋建筑讲究起来。

周代时,房屋建筑已形成明确的格局,结合出土遗址和古文献记载可了解当时的情况。贵族的住宅用墙垣围住,垣有门,门内为庭,即院子。讲究的住宅还要设一道二门,即闱,又叫寝门。

大门与二门之间的院落为外庭,二门以内的院落为内庭,内外庭之庭又写作廷,意思一样。

从大门走过庭院,就来到居住的主体建筑前。主体建筑由堂、室、房组成,都建在高台上,一般都是坐北朝南。

堂在最前面,"堂下"是庭(内庭),堂在高台上,堂前有阶梯,一般左右各一,称西阶、东阶。古人在室外尊左,因此西阶是宾客走的。

堂有东西两面墙,称作东序、西序;堂的南面没有墙,立有两根柱子,叫东楹、西楹(实际有时不止两柱)。后代房前的廊子以及现在南方地区前后开门的"堂屋",即来源于堂。堂没有南墙,因而敞亮,于是又名"堂皇"。后来"堂皇"引申为气势宏大之意,也作"堂而皇之",形容气派很大,或形容不加掩饰,公开行动。

堂是房屋主人平时活动、待客的地方。堂后是室,是主人休息处。堂到室有户(即房室之门)相通。要入室必先登堂,所以《论语·先进》写孔子批评子路鼓瑟的技术不佳,因而同学们对子路不敬,于是孔子就说:"由也(子路名由)升堂矣,未入于室也。"这是用进入室内比喻功夫"到家"。虽未入室,但已升堂,是说子路的造诣

明代彩绘陶院落

也差不多了。后世以"升堂入室"表示得到要谛、真传,即来源于此。

室内有四角,古代称为隅。《论语·述而》篇说:"举一隅不以三隅反,则不复也。"意思是,老师讲出室的一角而学生不能联想类推其他三个角,就不再重复指点了。也从另一面指出,这个学生的智力和学习积极性有问题。

室内四角都有专门名称,西南角叫"奥",西北角叫"屋漏",东北角叫"宦"(音读夷),东南角叫"窔"(音读要)。阳光从门、窗入射进来,室内北边亮南边暗,南边两角以"奥"、"窔"为名,都有幽深、黑暗的意思。"屋漏"与"宦"这两个名字的来源很多,大多附会礼制，难以自圆其说。估计与原始社会的住室情况有关。

常见还有"堂奥"一说，升堂而后入室，西南角为奥，由此"堂奥"引申作深奥的道理。古代文人治学略有门径，常谦称自己"未窥堂奥"，意思是刚入门，还未深入。这正好与"升堂入室"意思相反。

方枘圆凿

木构器物的榫卯连接

"方枘圆凿",出自《楚辞·九辩》:"圆凿而方枘兮,吾固知其鉏铻而难入。"

用木料做器具时,凿出的"卯眼"叫做"凿",削成的"榫头"叫做"枘"。凿和枘的大小形状必须完全匹配,才能合适地装配起来。如果卯眼是圆形(圆凿),榫头是方形(方枘),当然"鉏铻而难入"。后来,比喻双方意见不合,不能相容,就叫"枘凿"或"凿枘"。作为成语,也习惯说成"方枘圆凿"。

另外有句俗语"丁是丁,卯是卯"(丁同"钉",即榫头;卯即卯眼)也是用枘凿作比喻的,不过含义与"枘凿"不同。它是形容办事认真,绝不马虎,好比榫头和卯眼,没有一点差错。

木构器物的榫卯连接是中国古代的一项伟大技术创造,它的发展和完善反映了古代劳动者的智慧和技巧。

榫卯连接在中国产生很早。考古发现,距今约七千年的浙江余姚河姆渡遗址中,有大量干栏式房屋建筑①。房屋由桩、柱、板、梁、枋等许多构件组成,在这些构件上大都带有榫卯。其榫卯的式样有多种,如燕尾榫、梁头榫、双凸榫、柱头榫、柱脚榫(管脚榫)、企口榫等。其中企口板两侧各凿出一道宽1~2.5厘米、深2.3厘米的企口,口内插入砍削成梯形截面的木块,衔接不见通缝,是一种较

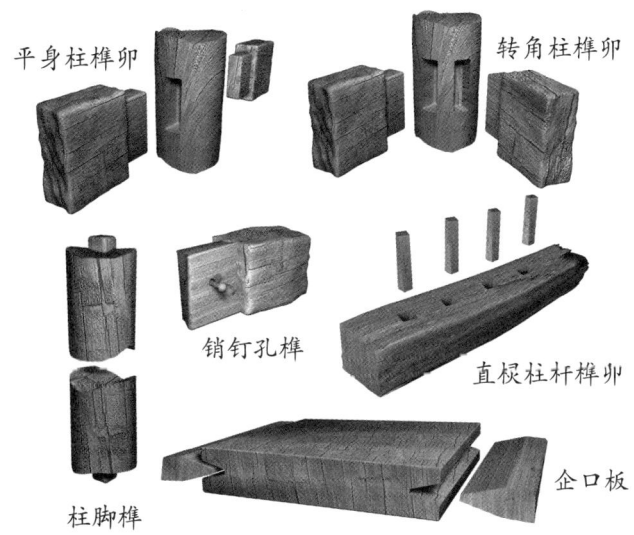

河姆渡遗址木构件榫卯图

---

① 干栏式房屋多建于水网地带及热丘陵地区,建筑平面为多室组成的矩形长屋,建造时先在地上打入木桩,桩上铺厚木板,板上再建房屋,使之架空,以防潮避水和抵御野兽。建筑结构的木柱梁均以榫卯连接。

高级的密接拼版工艺。这些榫卯当时是用石斧、石凿、骨凿之类的工具制作，可想是很不容易的。

考古发现，距今四五千年的黄河流域村落的木结构物中也普遍采用了榫卯连接。例如，河南汤阴白营的一座水井，用井字形木架加固井壁，在井架木棍交叉处有榫眼。又如，青海乐都柳湾一些墓葬中的木棺，在底板下和盖板上各有横向的三条木板，上下对应。木板两端伸出并凿有圆形卯眼，与竖立的木柱紧密连接，形成三个框架，把棺板牢牢固定住。

西周时期，青铜工具的使用促使木工技术进一步发展。到春秋战国时期，木工技术达到相当精细的地步。考古研究表明，战国时木工已有直榫、半直榫、鸠尾榫、半鸠尾榫、圆榫、端头榫、嵌榫、蝶榫、半蝶榫、宽窄槽接合、切斜加半直榫等十四种榫接合类型。当时的木工匠人不但能熟练地运用各种方法，而且对这些方法在力学性能、工艺制作与装饰功能方面的长短之处，也形成了合乎科学的认识，可按照器物的不同要求恰当地选用。例如，鸠尾榫箱角接的接合强度大，加工难度亦大，多用于牢固度要求高的整体式木棺，而现场拼装的木椁则使用接合强度较低、加工难度较小的宽槽箱角接。又如，透榫的接合强度大，但不甚美观，不透榫的特点与之正好相反。于是，在制作木几时，对要求美观的木几面采用不透榫，而在要求强固的足座底面采用透榫，使技尽所用，各得所宜。再如，在不施胶的情况下，各种接合方式中以鸠尾榫的强度为最大。但在外力作用下,榫颊尖端易产生顺纹的剪切破坏,因此,应把榫颊倾角限制在某一临界角之内,现代细木工艺理论研究指出,这一临界角约为10°。根据对战国木器实物的测算,鸠尾榫倾角平均值在7°~12°之间,这表明当时工匠对此问题已积累了宝贵的经验,在工艺实施上达到稳定的较高的技术水平。

可以说,现代细木工所掌握的主要榫卯结构,包括技术实践与理论,在战国时代几乎都已被发明和应用,千百年后,明清时期以榫卯结构制作的家具又达到新的顶峰,成为中国及世界木工艺技术史上足以称道的成就。

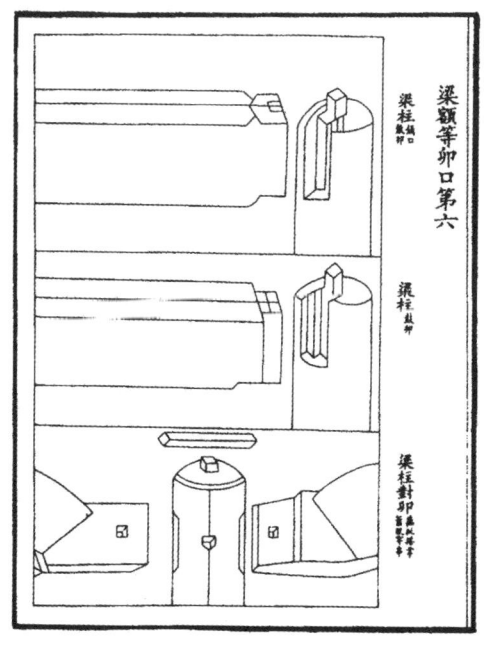

宋李诫《营造法式》所载梁柱榫卯图

钩心斗角

古代建筑的斗拱

"钩心斗角",出自唐杜牧的《阿房宫赋》:"五步一楼,十步一阁。廊腰缦回,檐牙高啄,各抱地势,钩心斗角。"赋中所说的"心"指宫室中心,"角"指屋檐角。杜牧感叹秦始皇当年兴建的阿房宫的巍峨壮丽和宏大气派,同时批判了这种滥用人民脂血的极度奢华。

阿房宫之所以给人"钩心斗角"的视觉感,是远望建筑群密集形成气势,近看斗拱造成屋顶翘起的效果。

"钩心斗角"后也作"勾心斗角",称建筑物结构的精巧工致,但更多的是用其转义,比喻派别或人之间各用心机,明争暗斗,互相排挤,明显地带有贬义。

到一些历史名胜地旅游,给人印象最深的大概除了千年古柏,就是庄严巍峨的宫殿或庙宇了。而触目所见的古代建筑,几乎无一例外都有大屋顶和高高挑起的檐角,这成为中国传统建筑的重要特征。以致有段时间北京呼吁保留古城风貌,不少新上马的建筑都戴上个"大帽子"(即大屋顶),有学者批评,这是对继承传统的曲解表现。

话说回来,中国古代建筑为什么能做出大屋顶和挑檐角,它用什么结构支撑?

中国古代宫殿楼阁都是木构建筑,这与西方的石构建筑形成鲜明的对比。中国古建筑的基本结构是用柱和梁支撑,屋檐角挑出,这是为了室内有充足的光线。支承出挑屋檐的结构,一方面须从内部构架向外大大延伸,另一方面又须向上抬高以造成屋檐的翘度。这些是怎样做到的呢?已故著名建筑学家梁思成指出:"是斗拱(托架装置)起了主导作用。其作用是如此重要,以致如果不彻底了解它,就根本无法研究中国建筑。它构成了中国建筑'柱式'中的决定性特征。"(参见梁思成:《图像中国建筑史》,百花文艺出版社,2001年,第90页)

斗是一种方形木块,因形状如古代量米的斗而得名;拱是一种矩形截面的短枋木,外形略似弓而得名。斗拱处于柱顶与屋顶之间,安装时斗和拱纵横交错

斗拱

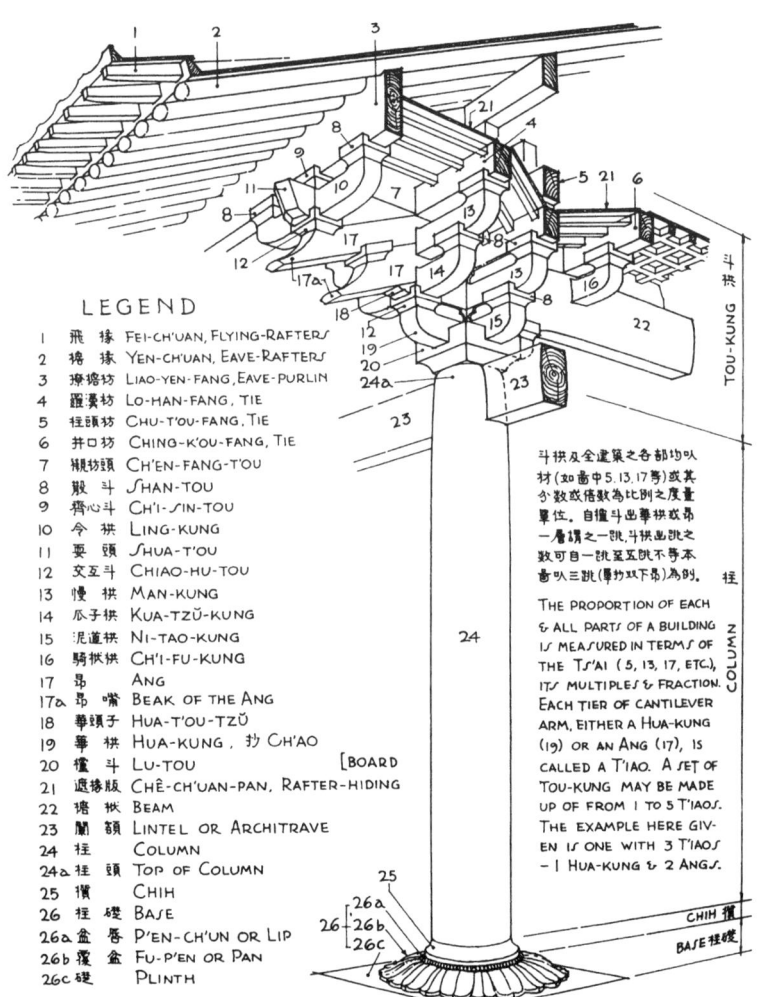

梁思成《图像中国建筑史》插图：中国建筑之"ORDER"

层叠构成,逐层向外挑出,形成上大下小的托座。斗拱因其位置不同名称也有别,如最下面的斗叫栌斗,上面有华拱等。

斗拱的功用在于随上部支承的屋檐,将其重量直接或间接地转到柱子上。由于斗拱有逐层挑出支承重量的作用,就可使屋檐出挑很多。当建筑物比较密集,远远望去,许多高高翘起的屋檐角,真像在比试争斗。难怪杜牧要用"斗角"来形容阿房宫的建筑。

上海大观园中仿木构斗拱的牌楼,檐角颇有斗角之势

"钩心斗角"后也作"勾心斗角",含义也发生了很大改变。今天当我们使用"钩心斗角"时,不要忘了它的原意啊。

明修栈道,暗度陈仓
古代栈道修筑

"明修栈道,暗度陈仓",语出元无名氏杂剧《韩元帅暗度陈仓》第二折:"着樊哙明修栈道,俺可暗度陈仓古道。这楚兵不知是智,必然排兵在栈道守把。俺往陈仓古道抄截,杀他个措手不及也。"故事说的是,刘邦从汉中出兵攻项羽,故意明修栈道,迷惑对方;却暗中绕道,奔袭陈仓,取得胜利。陈仓为古地名,在今陕西省宝鸡市东。

后来便把用明显的行动迷惑对方、采用他人不备的策略或暗地进行活动称为"明修栈道,暗度陈仓"。

栈道,亦称阁道、栈阁,是古代的一种交通道路设施。古代为什么要修栈道,栈道的修筑有什么特点呢?

历史上，栈道在中国西南及陕南秦岭大巴山区分布最广、使用最多，这与当地复杂的地理环境有关。西南地区山高水险，交通极为不便，修筑栈道无疑是一种有利的交通方式。

据学者研究，栈道的发展经历了自然发现、自然踩踏和人工修凿几个阶段。最早那些自然踩踏出的小道还不能算是栈道。原始小道开辟成栈道，是古代社会经济、政治发展到一定阶段才出现的。

春秋时期，占据渭河流域的秦人为巩固基地并开拓疆域，克服秦岭险阻，在深山峡谷的悬崖上凿石为洞，插木为梁，铺上木板，把原始小道修筑成了能供大队人马行进的通道——栈道。当时开辟成的栈道有"褒斜道"和"金牛道"。秦汉时期，又陆续开辟了"子午道"、"陈仓道"、"荔枝道"、"米仓道"等，经过数代人的艰辛劳动，终于形成了"栈道千里，无所不通"的西南交通体系。

栈道修筑体现了古代的科学技术。综合考察资料看，栈道可分为木栈和石栈两大类型，它们各有其特点。

木栈的主要形式有以下几种：

（1）标准式。这是木栈中最基本最原始的形式。系在陡险崖壁上凿孔安木梁，水中立木柱托梁，再在梁上铺木板成路。诸葛亮《与兄瑾书》记载："其阁梁一头入山腹，其一头立柱于水中"，就是这种形式（见图a和b）。

（2）悬崖斜柱式。在岩壁陡直、河水又深无法垂直立柱托梁的地方,人们在壁孔下方凿孔立斜柱以托横梁,即成悬崖斜柱式。具体又分直接斜柱形和木杪斜柱形。前者是直接在悬崖上将孔凿成倾斜状以立斜柱托梁;后者是用榫卯方式结合在横出的短下梁上,斜托上梁(见图c)。图d为木杪形的一种变易形。

(3)无柱式。俗称空木桥。这类栈道用于悬崖陡壁、水深流急的地理条件,这种地理条件下既无法立直柱,又因栈道近水面难于立斜柱,只好采取这种形式。这种栈道,人行其上十分危险,故多设栏杆相护(见图e)。

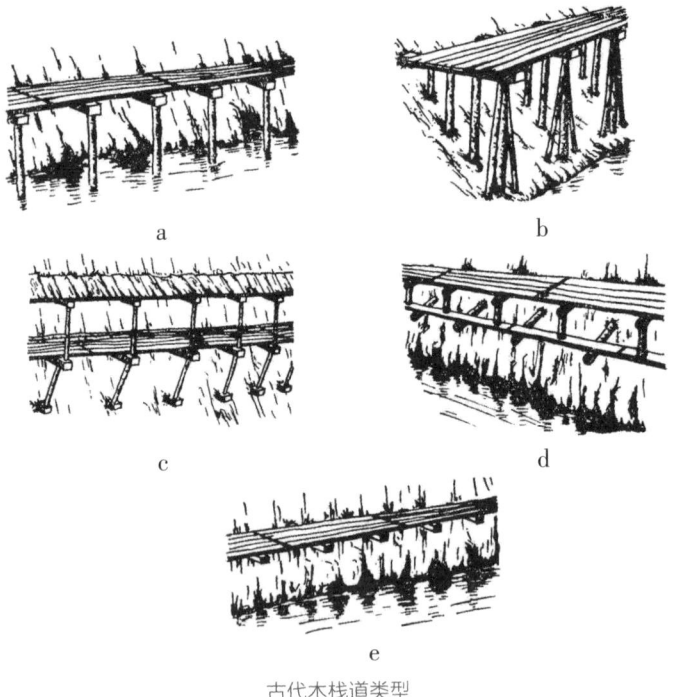

古代木栈道类型

从实地调查看,木栈道孔径最大80厘米,最小10厘米,一般在25~45厘米。木栈道路面最宽达6米,最窄处仅有0.9米。

石栈的典型形式是凹槽式。将山崖剥凿成石槽,道路从槽中通过,就成凹槽式石栈,民间也俗称碥路。李白《蜀道难》中"天梯石栈相钩连"之句,以往注释者将"天梯"释为"山势高峻如天梯",将"石栈"释为"木栈道"。实际上,诗句中的"天梯"是木栈,"石栈"即指凹槽式石栈。(参见蓝勇:《中国古代栈道的类型及其兴废》,《自然科学史研究》1992年第1期)木、石栈相

陕西长空石栈道

连的道路遗迹在今陕西褒斜道和四川大宁河处都有发现。

在古代栈道中,"褒斜道"是最早也是当时最重要的栈道之一,"褒斜道"被史家誉为"蜀道之始",它南接汉中市褒谷口,北至眉县斜谷口,如长蛇一般横贯秦岭,云中时隐时现,因此又有"连云栈"之称,距今已有2500年的历史。"褒斜道"上的"石门",还是世界上最早人工开凿的穿山通车隧道。

栈道已成为历史遗迹。今天,当我们旅游到古栈道区,看到那修筑盘旋于高山峡谷之间,支撑于危岩深壑之上的栈道遗存,仍禁不住惊讶,为古人修筑栈道表现出的勇气和才干由衷地赞叹。

技 艺

玉不琢，不成器
古代的制玉技术

"玉不琢，不成器"，出自《礼记·学记》："玉不琢，不成器；人不学，不知道。"意思是，玉不经加工，就不成器物。

新石器时代，先民已知道用玉材琢制器物，用来作佩饰或神秘化的象征。至商周时代，制玉技术迅速发展，出现高潮，统治者和文人对玉器更赋予了新的解释和含义。比如用治玉比喻人的品德修养就是重要的一个方面。《诗经·卫风·淇奥》："瞻彼淇奥，绿竹猗猗。有匪君子，如切如磋，如琢如磨。"《诗经》的作者要求君子如同治骨角、治玉一样，经过切、磋、琢、磨式的加工，而达到一种标准化的人格。

"玉不琢，不成器"后比喻人不经过培养、锻炼，不能成才。

《天工开物》所载琢玉图

玉，本是一种"美石"，质地细腻，光泽温润，可用来制造装饰品或作雕刻的材料。

据考古资料知，中国的玉器至少已有七千多年的历史。在新石器时代中晚期遗址，如东北红山文化、浙江良渚文化、四川大溪文化、山东大汶口文化遗址中，出现有大量的玉器。

古代制作一件精美的玉器很不容易，需要经过下料作胎、钻孔、浮雕、画线刻纹、抛光等多种工序，而每一道工序都费时、费力。

下料作胎。就是根据玉器形状要求，先用劈切或锯的方法，把玉材大致弄成片形、方形或圆柱形。最早没有锯，所谓的锯是用细绳加硬砂拉磨出来的。良渚文化玉器上留有开片的锯痕。从锯痕看，宽度不大，据分析就是用细线加硬砂拉磨开片的。良渚文化的多节大玉琮，体现了作胎技术，玉琮每一面都呈上大下小的梯形，四个面的上下宽度都一致，每个面的同位角基本相等。这不仅需要反复琢磨校正，还必须对角度关系有一定的理解。

钻孔。新石器时代的玉器，一般都为有孔玉器，有些是造型本身的孔，如琮、璧，有些是为了

良渚文化的多节大玉琮（高49.7厘米）

穿绳佩带而打的孔,如璜、玦上的小孔。这时期所钻之孔有三种：一是马蹄形孔,即从一面钻孔,孔径越来越小,待孔打透时,径已很小,孔纵横面呈梯形。二是对穿孔,较厚的玉器或筒状玉器穿孔时采用两端对钻的方法,但钻头与玉器的位置固定得不牢固,且钻杆在钻孔时不断磨细,因而孔钻得不圆、不直。三是带有螺旋纹的孔,如四川广汉出土的大量玉璧,穿孔无论大小,都带有螺旋纹。据专家认为,螺旋纹产生,可能是用某种管钻钻孔时,角度和钻位发生变化造成的。

浮雕、刻线。新石器时代晚期玉器出现浅浮雕和精细刻线,表明玉器制作已达到较高的工艺水平。如良渚文化玉器上兽面纹有的兽嘴部为凸雕,有的眼部为凸雕,有的凸雕分为几个不同层次的平面。龙山文化玉器上变形兽面纹的雕刻,纹饰结构复杂,转折变化巧妙自如,很多是用凸起的线条构成。

殷商时代,制玉技术有更大的发展,近几十年的考古发掘为我们了解商代制玉技术提供了依据。以1976年河南安阳小屯村殷墟妇好墓为例,一次就出土玉器五百多件。分礼器、仪仗器、工具、装饰、

安阳殷墟妇好墓出土的跪坐玉人

艺术品、杂器等多种品类。其中琢磨最精的,是各种立体和浮雕的雕像。有全身人像和人头像十余件,其发型服饰各不相同,有的跪坐戴冠,有的赤足盘发,衣纹清晰,腰带紧束。还有数十件虎、象、猴、鹰、螳螂等动物雕像,制作得十分生动。

专家们认为,制玉工艺从早期的平面雕到圆雕,进而发展到商代复杂的圆雕,这不是一个简单的过程,它需要工匠具有较高的立体造型能力,对玉料的认识要有丰富的经验。

妇好墓出土的几件一尺多长的玉戈也引人注目。特别是其中一件最薄的墨玉戈,两刃口锋利得有如开刃刀口,像这样长而薄的弧形刃线,流畅得不带丝毫崩裂和残缺的纹痕,可想制作之难。还有,这件薄玉戈的正反两面对称地琢出几条一尺多长的阳纹脊线和两个带有菱形边的血槽,这更是难度极大的工艺。

从妇好墓玉器残留的切割痕迹看,可知殷商时代制玉工具也有发展。有一种青铜制作的丝锯工具,类似于现代玉器业中用的"锼弓子"(钢丝锯)。由于这种工具的使用,使殷商的镂空透眼玉器增多。

殷商的制玉技术为后世继承并有新的发展。

正是由于玉器的制作和兴盛,使得有关玉的语汇大为丰富,如"抛砖引玉"、"玉碎瓦全"、"玉成"等等。有些词义在使用中发生转义,如用来制作玉器的"琢磨",后人引申为比喻对文章等的修饰或对计划、想法的细致考虑。

日月如梭

古代纺织的梭子

"日月如梭",也说"岁月如梭",见苏轼《减字木兰花·送赵令》:"春光亭下,流水如今何在也。岁月如梭,白首相看拟奈何。古人重见,世事年来千万变。"意思是说,太阳和月亮像梭子似的来去,比喻时间过得很快。

梭子是织布机上的重要机件,牵引纬线用,它的出现经历了一个较长的演变过程。中国古代惯用语中,有不少与梭子有关的词语,如"穿梭"、"梭巡"等等,丰富了汉语的词汇。

梭子和织机相联系,而织机是从手工编织演变来的,考古发现,新石器时代的编织物已很精细,编织纹有苇席纹、回纹、人字纹等,表现了相当高的编织技巧。

早期编织中,要把纱线一根根地编入,速度很慢,随着编织技术的发展,人们经过长期的实践,逐步制成了原始织机。原来编织的径向纱线,就成为织机上的经纱,骨针和用骨针穿引的纱线,就成为织机上的杼子和纬纱,骨匕则成为织机的打纬刀。最初的织物可能和编织物十分相像,所以在古代也常常把编席、编发叫织。《仓颉篇》说:"编,织也。"《说文解字·糸部》:"辫,交也。"说明机织技术的来源是从编织开始的。

原始织机主要的部件有:前后两根横木(相当于现代织机上的卷布轴和经轴),一把打纬刀,一个纡子,一根比较粗的分经棍和一根较细的综杆。打纬刀是半月形的木板,有背有刃,背厚刃薄。纡子是引纬用的一根细直木杆,最初也可能是骨针,上面绕着纬纱。织造时,织工席地而坐,利用分经棍把奇偶数经纱分成上下两层,形成一个自然梭口,用纡子引纬,再用打纬刀把纬打紧。

缠绕纱线的纡子在织口中通行,容易磕磕碰碰,而光滑宽扁的打纬刀在织口中却来去自如。逐渐地古代织工受此启发,便在打纬刀的近背处刻出一长条槽子,将绕着纬纱的纡子嵌进去,这就是刀杼,这样就一举两得,既可引纬又可打纬。刀杼是梭子的前身,

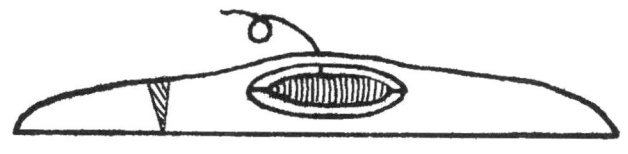

刀杼示意图

纺织史学者认为，它可能产生于春秋时代。

从刀杼再到梭子的发展，这是古代劳动人民革新引纬工具，提高织机效率的一个重要创造。梭子刚出现时，名称并不明确，常叫为杼，汉及先秦古籍记载中说杼，实大都指梭。江苏泗洪曹庄出土的汉画像石有"慈母投杼图"，图中坐于机内者为曾母，转身以手作训示状，机后有一杼（梭）落地，拱手而跪者是曾子。这可证明汉以前已经有梭，但名称仍然用杼。

汉画像石"慈母投杼图"

这种梭就是由刀杼演化来的。因为刀杼操作不便，实践中便逐步改成两头尖的梭子，由小舟形的外壳和一根短细而直的纡子组成。梭子的引纬作用，就由纡子承当。

在东汉服虔所著《通俗文》中，梭与杼已分开。梭是织具，而纡子放入打纬刀的槽中，则称为杼。由此可见，梭是杼的发展，杼兼有引纬和打纬两种功能，而梭则专用以引纬。梭与杼分开，表明织机技术的进步,效率较前提高。学者认为梭子形成是在战国至汉代间。

在汉以后的史籍记载中,都明确地把梭和杼分开,梭子已作为织布工具中的专有名词。如《晋书·谢鲲传》中有投梭折齿的故事,证明梭子是专用的,梭子有一定的重量。

总结起来,梭子的产生经历了这样一个过程:①早期引纬、打纬工具分离,引纬用纡子,打纬用打纬刀。②引纬、打纬合为一体,即为刀杼,它兼有引纬和打纬两种功能。③引纬和打纬重新分开,这时的引纬工具便是梭子。

梭子两头尖、外壳光滑,在梭口里引纬往来很快,使织布效率大为提高。梭子在后来的织机中曾长期应用,直到现代织机采用喷流技术,才开始"织布不用梭"。

由于梭子的出现,语言中也逐渐有了"穿梭"、"如梭"等形容频繁、快速的词。当代海外华人甚至根据航天飞机的特点,把它叫做"太空梭"。

20世纪80年代,中国有一首广为传唱的歌:"太阳,太阳,像一把金梭;月亮,月亮,像一把银梭。交给你,也交给我,看谁织出最美的生活……"老歌重唱,让人回味。

参差不齐

"参差"为何物

"参差不齐",见《汉书·扬雄传下》:"仲尼以来,国君将相卿士名臣参差不齐。"形容不一致,有差别。"参差",也见《诗经·周南·关雎》:"参差荇菜,左右流之。"

"参差",当今常用词典的解释是,长短、大小、高低不齐。然而在古代,"参差"也实指一种乐器。见屈原《九歌·湘君》:"望夫君兮未来,吹参差兮谁思?"从词义可知,"参差"能够吹奏。

那"参差"究竟是什么样呢?

中国自古重视音乐,文献中不乏有关音乐的记载,并且也有乐律的专著。由文献可知,上古时代的乐器种类丰富,有八音之说:"土曰埙,匏曰笙,皮曰鼓,竹曰管,丝曰弦,石曰磬,金曰钟,木曰枕。"文中第一个字表示制作材料,如:"土"指用陶土烧成;"匏"是匏瓜,形似葫芦,但比葫芦大,利用它做"笙"。"八音"是总类的说法,一类乐器中具体又分多种,如用"竹"(竹子)做成的管乐器就有笛、箫;"金"(青铜)做成的钟分甬钟、镈钟,组合起来称编钟。

由于竹木制的乐器不易保存,仅凭文献理解有限,过去很长时间人们对中国古乐器(尤其是先秦时期)的认识比较模糊。而近几十年的科学考古提供了丰富的实物资料,学者的研究也足以廓清认识。

迄今所知最早的乐器之一是河南舞阳县贾湖出土的骨笛,以典型的20号骨笛为例,系用鹤类禽鸟中空的尺骨制成。长23.1厘米,管身开有七孔,经测试,已经具备七声音阶。贾湖遗址距今约八千年,当时的骨笛居然已有七声音阶,可以用于演奏,真令人难以置信!然而这是事实。考古发现多件距今约五六千年形状各异的陶埙,河南安阳殷墟出土一件五音孔的陶埙,经测试,音列已经

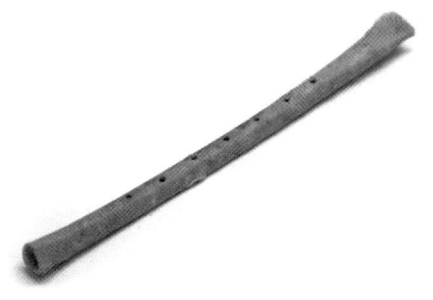

贾湖骨笛

相当完备,在十一音之间已有半音关系,距离文献记载的"十二律"只有一步之遥。

再来看乐器"参差",据古籍记载说是舜所作,"其形参差,像凤翼"。若说法可信,那么"参差"至少也有四千年的历史。"参差"可吹奏,在"八音"中属管乐,多用竹子做成。流传后世的有古乐器洞箫,系用一只竹管制作。相对于洞箫来说,"参差"实际是一种排箫,用多根竹管做成。然而因它没有流传后世,很多人知道"参差"是"长短、大小、高低不齐"的意思,但却不知道"参差"也是一种乐器。

在古代诗文中,有对乐器"参差"的描述,见唐代李峤《箫》:

虞舜调清管,王褒赋雅音。
参差横凤翼,搜索动人心。

李峤所咏的箫,从"参差横凤翼"之形状,可知指的就是排箫。

考古中已发现排箫的实物。1978年,湖北随县曾侯乙墓出土了两件排箫,形制相同,均排列13根吹管,粗细有差异。管子系用苦竹的单节细竿制成,较细的一端截开,刮薄口沿,用作吹孔。排箫的箫管尾

成汉宾人吹排箫俑

端是要封闭的,所以下端留有竹节,没有凿透,成为自然封闭。吹管的吹孔皆朝上,依管的长短,自左至右顺序靠紧排列,通体就像鸟的一只翼一样。排箫口沿齐平,下端参差不齐,排管用三片细竹做成夹子夹紧,并经缠缚加固。排箫上部整体宽11.7厘米;左起第一根吹管最大,长22.5厘米,外径0.85厘米;右边最外的第13根吹管最小,长5.1厘米,外径0.55厘米。排箫通体以黑漆为地,用朱色线描出纹饰。

1980年,在河南淅川春秋1号楚墓中出土了一件用整块汉白玉琢制的排箫。13个吹管,管壁厚1毫米,管与管的间隔不到1毫米。管长最大者15厘米,最小者仅3厘米。排箫的上部凿有一条宽带连接,以示加固作用。该石排箫出土时局部损伤,经修复,除一支管不能发音外,其他12支管都能发音。用石制作的磬,考古中比较常见,而用石制作管状的排箫,管管有声,合于音律,若非亲见,实难相信。在汉白玉上钻出长几厘米到十几厘米不等的孔,且能保持均匀合度,可想见古代工匠的高超技艺。

1997年,河南鹿邑太清宫西周初期长子口墓出土四件骨排箫,由禽类腿骨制成,其中一件由13根长短递减的骨管排列组成,最长的骨管长32.7厘米,最短的长11.8厘米,是保存最为完好、骨管数目最多、最为精致的一件。这件排箫距今三千多年,是迄今发现的中国最早的排箫实物。

西周骨排箫，中国最早的排箫实物

迄今出土所见的排箫，地域都属古代楚国的范围。推想，排箫这种乐器是楚人喜欢吹奏的，也是楚国音乐的重要部分，以致屈原把它写入诗，抒情感怀。

丝丝入扣
古代织机之"筘"

"丝丝入扣",见清代赵翼《瓯北诗话·韩昌黎诗》:"而体物之工,抒词之雅,丝丝入扣,几无一字虚设。"可知"丝丝入扣"用于比喻文章、工艺或艺术等做得紧凑合度,十分细致。

实际上,"丝丝入扣"原是指古代织机的一种工艺。织绸织布时,每条经线都要从扣(筘)齿间穿过,这样,经线排列就有了一定的宽度,布幅可以保持稳定。

筘的发展反映了织机技术的发展,同时也反映了技术与文化的关系。

早在西周时期,古人对于织作的布帛宽度就有严格规定。从出土的早期丝织品也可予以证明。古代是靠什么办法或工具来达到要求的规格呢？尤其是对于纤细轻薄的丝绸，织造合格幅度的要求是很高的。说来这一问题的解决很巧妙。古代织工从生活中木梳篦的梳齿受到启示，便在织机上做成一把大"梳子"，固定在两根木条当中，让经线依次穿入梳齿，这个部件就叫做"筘"。有了筘，经线排列就有一定的宽度，布幅可以保持稳定。因为这种筘是管定幅的，所以也叫定幅筘。从文献记载分析，春秋时期前就有了定幅筘。

随着织造技术的发展，战国后期织工开始用梭子牵引纬线。梭子引纬要求引纬和打纬工序分开来，以进一步提高布帛的产量和质量，于是织工就利用定幅筘来代替木刀打纬。把引纬的梭子和打纬的竹筘分开使用，这就出现了打纬筘。织工一手投梭，一手拉筘，织造时既快速又省力。配合脚踏提综开口，织布的产量便可成倍地增加。

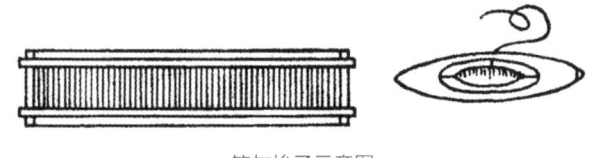

筘与梭子示意图

汉代文献中已有用筘打纬的记载，在刘熙著《释名·释彩帛》有："令，辟经丝贯杼中，一间并，一间疏，疏者苓苓然，并者历辟而密也。"意思是说，经丝贯（穿）在筘（杼）中间，使织轴上经丝一格疏，一格密，疏处则有空隙，密处经丝密接，织物表面形成了疏密的条状纹路。如果不用竹筘来排列经线,不在同一筘齿间穿入几根经线,要达到一定的疏密效果,是很难办到的。在长沙马王堆一号汉墓出土的绢纱类织物中,就有一种疏密感的效果,而且有明确的筘路痕迹。杼本是兼管打纬的工具,在定幅筘初用作打纬时,仍借用杼的名称,也是很自然的。

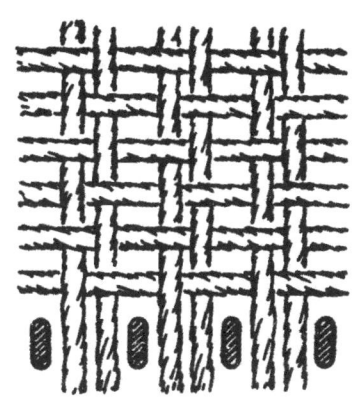

织物用筘示意图

关于"筘"字来历,唐代《一切经音义》引三国魏张揖《埤苍》说,"筬(筘),竹杼也"。筬或筘亦名"梱"。汉末学者解释"梱"为"叩(扣)",显然,就是指有打纬作用的筘。叩、扣、筘同音,筘字出现晚,估计原字本作"扣",因用竹制,故又作"筘"。(参见陈维稷主编:《中国纺织科学技术史(古代部分)》,科学出版社,1984年,第232页)

归纳而言,可以认为汉代织机上所用的打纬工具有两种:一种是旧式的,嵌着纡子的刀杼,用它送纬又用它打纬;另一种是从"杼"演变分化而成的两个分开的织布工具,即梭与筘,梭用以引纬,筘用以打纬。梭与筘分开的织造技术,远比单用杼要进步,它使引纬和打纬的速度提高,并且降低了打纬的劳动强度。同时比只用定幅筘能更有效地控制布帛的织幅,使织出的织物更平致规整。这是古代织造技术的一个重大发展,它使织造布帛的产量、质量都提高到一个新的高度。

锦上添花

古代的织锦技术

"锦上添花",见宋代黄庭坚《了了庵颂》:"又要涪翁作颂,且图锦上添花。"意指在美丽的锦上再绣上花,比喻好上加好,美上加美。

锦是以彩色的经纬丝线织成各种花纹的织品,其花纹精致古雅,色泽瑰丽多彩。在现行丝绸分类中,由于织物的特性和缎织物基本相似,因而将织锦和缎合为一,统称为缎织物。

据文献记载,殷商时已有织锦生产。工艺不断发展,到唐代时织锦技术达到相当高的水平。唐代的晕绢提花锦,给人以层次浮凸的感觉,是名副其实的"锦上添花"织作。

"锦"字是金字和帛字的组合。按古代造字的规律释义,锦是非常贵重的丝帛,其价值相当于黄金。见东汉刘熙《释名·释彩帛》:"锦,金也。作之用功重,于其价如金,故其制字帛与金也。"

古代要织成一幅华丽的彩锦,工序很多。先得把蚕丝染成不同的颜色,再按色丝排列配置牵经,而后根据花纹图案的起花要求穿综上机,还需编成有规律性的提花程序,因此其工艺在丝织品中最为复杂。可以说,锦代表着我国古代丝帛织造技术的最高水平。

据文献记载,殷商时初步有织锦生产,周代时锦的织造技术已形成。秦汉时织锦有新的发展。1972年,湖南长沙马王堆一号汉墓出土了保存基本完好的锦,使我们可窥知汉锦织造工艺。其花纹和织法等显花效果:有平面显花的绀地绛红鸣鸟纹锦,香色地红茱萸纹锦,有凸纹立体感的凸花纹锦,还有若隐若现的隐花波纹孔雀纹锦等。马王堆汉墓出土的纹锦中,以凸花纹最为复杂,检测实物经密为156根/厘米,纬密为46根/厘米。纺织史专家认为,这种锦的织造一定要用提花机,由此可推知当时具备的织造技术。

唐代时织锦工艺技术更趋成熟。唐锦在工艺上有经锦、纬锦之别。经锦是汉魏以来的传统工艺,是一种经畦纹组织,用二层或三层经线夹纬的织法。纬锦则是唐代的新发明,它利用多重多色的纬线织出花纹。所用织机比较复杂,但操作较方便,能织出比经锦更繁杂的花纹及宽幅的织品。

至唐代,出现了"锦上添花"的织作。1968年在新疆吐鲁番阿斯塔那出土有唐晕绸提花锦裙,系用黄、白、绿、粉红、茶褐五色经线织成,然后再用于斜纹晕色彩条纹上,以金黄色细纬线织出蒂形四瓣小团花。可以说,这是名副其实的"锦上添花"织物。

阿斯塔那墓群还出土了唐大历十三年(公元778年)的锦鞋。据专家评价,这是目前所见唐代最精湛的晕𫄨彩锦。鞋面是用八色丝线织成的斜纹锦,图案为红地五彩花,以大小花朵组成团花中心,绕以珍禽异兽,漂浮卷云行霞,间以瑞草碎花,外侧又杂置折枝花和山石远树,近锦边处还织出宽3厘米的宝蓝地五彩花卉纹带状花边。整个锦面构图复杂,形象生动,色彩艳丽,组织细密,即便是置于现代丝织品中也称得上是精品佳作,充分反映了唐代织锦的高超技艺。

宋元时期,锦在花纹图案、组织结构、织造工艺技术等方面又有新的发展,逐步演变形成了独特的宋锦、织金锦、妆花等技艺特色品种而流传于世。

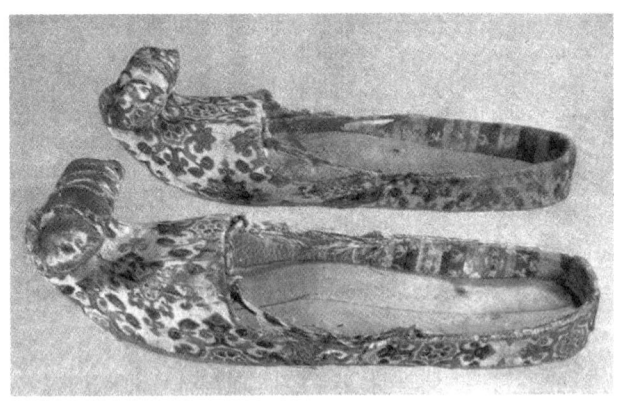

唐花纹锦鞋

宋锦是宋代开始盛行的纬三重起花的重纬织锦，生产地区主要是苏杭一带，大多用于装裱书画。宋锦图案形式上常设有各种秀丽的格子藻井，其中布置了各种动物和花卉作为主花，在周围格子中又巧妙安排了各种几何小花纹，使图案显得规整庄严。还有以几何图形作为骨架，再分布各种宾花，也显得布局匀称美观。宋锦一般不用强烈的对比色，而是以几种明暗层次相近的颜色作渲染，有"艳而不火，繁而不乱"的效果。

织金锦，是把金线织入锦中而形成特殊光泽效果的锦缎类织物，其富丽堂皇，已远不是"添花"所可形容。织金锦在元代已大量生产，当时的元代文献又称织金锦为"纳石失"。新疆盐湖出土的织金锦反映了这种织造技术。出土的织物中，经丝分为单经与双经两种（双经是以两根经丝同时交织），而以单经起固结纬丝的作用。片金线织入的特点是以单丝复盖并固结金线，可使金色充分显现于织物表面。

古代的织锦品种难以尽数，繁复精美的图案令人眼花缭乱。在故宫博物院，苏州、杭州的丝绸博物馆都藏有不少古代的织锦精品，这是中华民族的珍贵遗产。

青出于蓝
古代的染蓝技术

"青出于蓝",又作"青出于蓝而胜于蓝",出自战国时期著名思想家荀子的《劝学》篇:"青,取之于蓝而青于蓝;冰,水为之而寒于水。"意思是说,青色(即靛蓝)是从蓝草中提炼而成的,但是颜色比蓝草的汁液色更深。冰是水凝结成的,但是比水要冷。这几句话是荀子用来设喻,劝人好学上进的。

在诸种植物染料中,靛蓝是我国古代提炼加工最早并且应用最广的一种,战国时代染蓝技术已十分成熟。可知,"青出于蓝"这句话有着古代染蓝技术的背景。

后也用"青出于蓝"比喻学生胜过老师,或后人胜过前人。

自然界中含靛蓝的植物较多,如蓼蓝、马蓝、菘蓝等,早时不特别指明,也泛称蓝、蓝草。

蓼蓝是含靛蓝植物中重要的一种。据古书《夏小正》记载,我国在夏代已种植蓼蓝,并已知道它的生长习性,"五月,启灌蓝蓼"。就是说,在夏历五月蓼蓝发棵时,要趁时节分棵栽种。在《诗经·小雅·采绿》中记载有采集蓝的活动:"终朝采蓝,不盈一襜。"诗中说的"蓝",学者认为也是蓼蓝。

蓼蓝,一年生草本。大约二三月间下种培苗,六七月间蓼蓝成熟,叶碾碎后黄色液汁变青,即可采集。采后随发新叶,隔三个月(九十月间)又可收割。蓼蓝叶中含蓝甙,从中可提取靛蓝素。蓼蓝叶浸入水中发酵,蓝甙水解溶出,再经空气氧化,就结合成靛蓝。据学者研究,古代用蓝草染色,最初是揉染,即把蓝草叶和织物揉在一起,揉碎蓝草叶,液汁就浸透织物;或者把织物浸入蓝草叶发酵后的溶液里,然后晾在空气中,织物也能上色,这是鲜蓝草叶发酵染色法。

春秋时期,染蓝作坊因社会需求增加,蓝草种植普遍。

蓼蓝

用鲜蓝草叶浸染的方法暴露出问题,常常由于没有及时利用染液,使得池中的染液发酵、氧化,变成泥状的沉淀。实践中染匠摸索发现,用石灰水处理一下,可将沉淀了的蓝泥还原出来染色。这样,染蓝作业就无须抢季节赶时间了,蓝草收割后,先制成泥状的蓝淀储存,待要染色时再行处理,一年四季随时都能染色。这一重要的改进,促进了蓝草的种植。

东汉时期,马蓝成为我国北方地区重要的经济作物。如在陈留(今河南开封)一带有专业性的产蓝区。经学家赵岐路过此地,看见山岗上到处种着马蓝,有感而发,写下一篇《蓝赋》,作序说:"余就医偃师,道经陈留,此境人以种蓝染绀为业。"

有关靛蓝的制作工艺,北魏农学家贾思勰在著作《齐民要术》中有详细记载,先是"刈蓝,倒竖于坑中,下水",然后用木、石压住,使蓝草全部浸在水里,浸的时间是"热时一宿,冷时再宿"。将浸液过滤,按百分之一点五的比例加石灰水,用木棍急速搅动,等沉淀以后"澄清,泻去水","候如强粥",则"蓝淀成矣"。用于染色时,只需在靛泥中加入石灰水,配成染液并使发酵,把靛蓝还原成靛白。靛白能溶解于碱性溶液中,从而使织物上色,经空气氧化,织物便可取得鲜明的蓝色。这种制靛蓝及染色工艺技术,已与现代合成靛蓝的染色机理几乎完全一致。

明代,科学家宋应星对蓝草的种植、造靛和染色工艺,进一步作了全面性的阐述和总结。他在其所著的《天工开物》中说:"凡蓝五种皆可为淀(靛)。茶蓝即菘蓝,插根活。蓼蓝、马蓝、吴蓝等皆撒子生。近又出蓼蓝小叶者,俗名苋蓝,种更佳。"在靛蓝染色方面,书中指出:"凡蓝入缸,必用稻灰水先和,每日手执竹棍搅动,不可计数。其最佳者曰标缸。"从化学方面分析,在染液发酵过程中,补充适量碱液(稻灰水)是完全必要的。

由于靛蓝色泽浓艳,牢度又非常好,几千年来一直受到人们的喜爱,我国出土的历代织物和民间流传的色布、花布手工艺品上,都可以看到靛蓝朴素优雅的丰采。至今在一些地方仍保留了传统的染蓝工艺。

和氏之璧

梦幻月光石的秘密

"和氏之璧",出自《韩非子·和氏》:"楚人和氏得玉璞楚山中,奉而献之厉王。厉王使玉人相之,玉人曰:'石也。'王以和为诳,而刖其左足。及厉王薨,武王即位。和又奉其璞而献之武王。武王使玉人相之,又曰:'石也。'王又以和为诳,而刖其右足。武王薨,文王即位。和乃抱其璞而哭于楚山之下。……王乃使玉人理其璞而得宝焉,遂命曰:'和氏之璧。'"

"和氏之璧"的故事揭示了古代对宝玉的采集和认识是多么不易。后世用"和氏之璧"来形容价值极高的宝物,也说"价值连城"或"连城之璧"。

楚国的和氏璧后为赵国所得,秦昭王听说后,表示愿以十五座城池换璧。赵王派蔺相如带着璧去换城。蔺相如到秦国献璧,见秦王无意给城,就设法把璧取回,派人送回赵国。这就是"完璧归赵"的故事。

据说,和氏璧曾辗转流传至唐代。唐代末年,一位叫杜光庭的大臣随唐皇帝携和氏璧往四川避乱,曾亲眼见过"价值连城"之宝。杜氏后来撰《录异记》说,和氏璧之所以珍贵,是因为它有"变彩"特征:"侧而视之,色碧,正而视之,色白。"后人由杜氏所说,推断和氏璧可能是月光石。月光石,清光冷冷如月秋。地质学界老前辈章鸿钊先生在《石雅》中指出:"其内有无数平行结晶薄片,互相映射而放蓝白或珍珠光彩,又如秋月清辉,湛然莹洁,故名月光石。"

现在知道,月光石,亦称"月长石",它是长石类矿物宝石中的一种。长石类矿物是一个大家族,在这个家族中,凡是晶体透明或颜色鲜艳以及具有特殊光学现象的长石,都可以用作宝石。而其中最有名的当数月光石。

月光石的颜色有白色、粉白色、灰色、天蓝绿色、绿色、金黄色,个别有变彩或游彩。在紫外线的照射下,能产生不明显的黄色荧光。

根据不同的长石,月光石的品种有:冰长月光石,呈半透明云雾状,琢成弧面形后有游彩,呈现天蓝色的乳白光泽,亦称"贵月光石"。钠月光石,是带珍珠光泽的钠长石,或称有月光石特征的钠长石。拉长月光石,这种月光石带有黄褐色调的蓝色光泽。(参见

清吴历《蔺相如完璧归赵图》。画中蔺相如手捧和氏璧,倚柱而立,怒目斜视。秦王在他的威胁下,只得打开地图,给蔺相如看十五座城的所在

于兴旺等:《珠宝、珠宝——珠宝首饰鉴赏》,蓝天出版社,1993年)

高质量的月光石要求晶体透明,并含有飘游似的波浪状蓝光,最佳者呈天蓝色或像鸽子蓝色羽毛的光彩。具有美丽乳白光泽的月光石,也是一种珍贵的宝石。

中国有一些地方出产长石,但高质量的月光石十分难觅。《后汉书》《太平寰宇记》等史籍说"和氏璧"出自湖北荆山、景山;章鸿钊先生认为"和氏璧"可能出自南漳、竹山一带。20世纪80年代,一位叫郝用威的地质工程师经过近30年的地质考察研究,撰写出《和氏璧探源》一文,认为和氏璧产地应在湖北神农架海拔3000米高的板仓坪、阴峪海地带。他在该地区考察多年,找到了一种月光石,从不同方位观察,它会呈现不同的色彩。和史书上有关"和氏璧"的记载相吻合。

月光石稀少,身价很高。可想而知,若"和氏璧"留存至今,肯定是无价之宝!

炉火纯青

由光色测量高温的技术

"炉火纯青",常见词典的解释是:原指古代道士炼丹成功的火候,后演变用以比喻技艺或学问、修养达到精粹完美的境界。

追溯历史可知,古代炼铜要比炼丹出现得早,故"炉火纯青"最早是指古代冶炼青铜的火候。该成语的相关出处可见先秦时期的手工艺著作《考工记》。该书记载铸造青铜器时写道:"凡铸金之状,金与锡,黑浊之气竭,黄白次之;黄白之气竭,青白次之;青白之气竭,青气次之;然后可铸也。"这段文字也被冶金史界解读为世界上最早的有关光测高温技术的记录。

上述《考工记》引文中,据冶金史学者解释,第一个"金"字指青铜,第二个"金"字指赤铜。"气"非指固、液、气三态的气体,而是有特定的含义。"气"有"黑浊、黄白、青白、青"之分,根据分析,"气"实指熔融合金的光辐射颜色。

为什么古代浇铸青铜器的火候要根据"气"的颜色来掌握呢?说来这是由熔铸青铜的技术要求决定的。在选择适当的合金成分后(不同的青铜器物合金成分比例有差异),青铜铸件的铸造成功与否,主要就决定于熔化和浇铸的情况,浇铸温度和速度的掌握很重要,而温度的高低是关键。温度不够或过高,都会造成器物的缺陷。

由现代冶金知识知道,合金浇铸的温度约比合金的熔点高160℃,以合金成分中铜、锡、锌各占88%、10%、2%的比例来说,浇铸温度约在1200℃。现代冶炼中,这样高的温度通常是用光学高温计来测量的。而在古代没有任何仪器,完全是工匠凭肉眼观察炉中合金的颜色,以判断是否已达到所要求的温度。

熔铸青铜时,随着温度升高,合金的颜色逐渐改变。《考

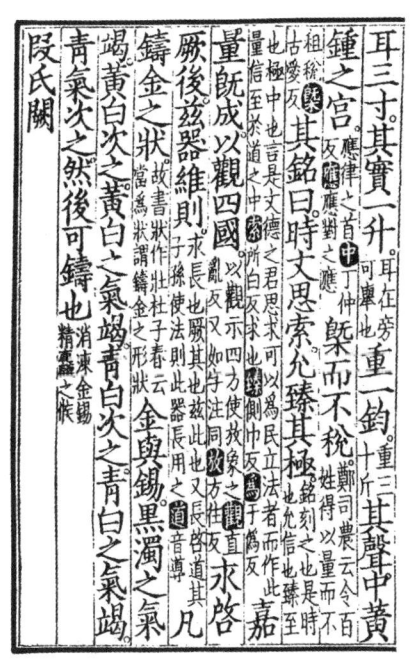

《考工记》"铸金之状"的记载

工记》确切地记述了这一过程。"气"不是分量有无、多少不定的杂质的烟气，而是指受热合金本身的热辐射。由于合金热辐射的规律与温度有关，因而可以根据热辐射的颜色来掌握合金的浇铸温度。《考工记》描述铜与锡投入熔炉中，温度较低是"黑浊之气"，当温度升到一定值时，可见光的辐射开始被肉眼感觉。对波长不同的光线，肉眼产生的色感不同，所谓"黑浊之气竭，黄白次之；黄白之气竭，青白次之；青白之气竭，青气次之"，真实地表达了用肉眼观察到的可见光自长波段向短波段推移的过程。当"青白之气竭，青气次之"时，合金即达到适宜浇铸的温度，"然后可铸也"。可以说，《考工记》所言"铸金之状"，就是用肉眼来观测的一种光测高温技术。

中国冶铜技术约始于夏朝，到春秋战国时已积累有丰富的经验。所述铜合金颜色的递进变化：黑浊→黄白→青白→青，与合金光辐射的规律完全符合，这绝不是一种偶然的巧合，它是古代工匠在熔炉边经年累月劳动中积累的经验总结，也是人类智慧的结晶。

随着古代社会的发展，炼丹逐渐兴盛，"炉火纯青"便用来指道士炼丹成功的火候。火候中也包含着道士所需的物质成分的信息，如"硝石"（硝酸钾）的焰色为"青紫"，氧化铜焰色为"似红金"，"销汞"（汞与硫的合金）焰色为"青焰"等。再后来，"炉火纯青"逐渐演变为做学问、技艺、修养达到了纯熟地步的比喻，该含义为人们所熟用，许多人反而不知其本义了。

百炼成钢
古代的百炼钢技术

"百炼成钢",也作"百炼精钢(刚)",见东汉陈琳《武军赋》:"铠则东胡阙巩,百炼精刚。"

"百炼成钢",实际源自中国古代的一种百炼工艺,它是指古代工匠对钢件的反复折叠锻打(也可以用数层成分略异的原料叠打),层数几十甚至近百。"百炼"一词最早见于东汉末年。文献记载,东汉建安年间(196~220年),曹操命有司制作五把"百辟"宝刀,"百辟"又称"百炼利器"。据文献记载,以百炼成钢法制造出来的钢制品非常精良。

"百炼成钢"后用于比喻久经斗争、生活的考验,变得非常坚强。相应的成语还有"千锤百炼"。

百炼成钢技术是从战国时期的渗碳钢技术发展而来的。古代工匠在炼制渗碳钢的实践中发现,对钢件反复加热锻打的次数增多,钢件会变得更加坚韧。于是工匠便把反复加热锻打的一定次数定为正式工序,这成为百炼成钢工艺中的重要步骤。现代冶金分析证明,经反复地加热锻打,会使钢件的组织致密,成分均匀,夹杂物减少并细化,从而显著地提高钢制品的质量。

秦汉时期,用生铁炒钢(包括炒熟铁)的新技术出现,工匠们把百炼工艺改为用炒钢或熟铁作为原料,使百炼成钢技术进入了成

《天工开物》所载生铁、熟铁炼炉图

熟阶段。

炒钢，就是把生铁加热到熔化或基本熔化阶段，在熔池中加以搅拌，借助于空气中的氧把生铁中所含的碳氧化掉。而炒钢与炒熟铁实质是一回事，熟铁就是含碳极低的炒钢。熟铁、炒钢的成分均匀，其内含的夹杂物均较细小。

1974年山东临沂市苍山县（今兰陵县）出土一把东汉的三十炼钢刀，经检验是以炒钢为原料的制品。钢刀全长111.5厘米，刀身宽3厘米，刀背上有错金铭文："永初六年五月丙午造卅湅大刀吉羊宜子孙"。可知此刀制于公元112年5月。检验表明，钢的含碳量比较均匀，是经反复加热锻打而成的，刃口部分还做过局部淬火处理。1978年江苏徐州市铜山县（今铜山区）出土了一把东汉时期的钢剑，剑通长109厘米，剑身长88.5厘米。剑柄正面有错金铭文21个字："建初二年蜀郡西工官王愔造五十湅××孙剑×"。建初二年即公元77年。经鉴定，这把五十炼钢剑是以含碳较高的炒钢为原料，把不同含碳量的原料叠在一起，经过多次加热、锻打、折叠而制成。

此外，1961年日本天理市栎本町东大寺山古墓曾发现一把由中国传去的钢刀，刀背上也有错金铭文，写明是中平纪年（中平是184~189年东汉灵帝年号）五月丙午造。铭文中有"百炼清刚"字样，表明是百炼钢制品。（参见《中国古代冶金》编写组：《中国古代冶金》，文物出版社，1978年，第76页）

《天工开物》所载锤锚图

据史书记载,三国时刘备曾令工匠蒲元制造五万把刀,上刻"七十二湅"。北宋《册府元龟》记载:后唐庄宗同光三年(925年)"徐州进九炼神钢刀剑"。

古代,"湅"字通炼(煉)、𨨏,在古兵器铭文中常见,在《说文解字》中释其义为"冶金"。"百炼"、"百辟"过去曾被认为泛指反复锻打,但有九炼、三十炼、五十炼、七十炼、百炼共存的事实,说明这些具体数字有其特定的含义。据冶金史专家研究,炼数应是代表了一定的工艺并表明产品的质量。从三十炼钢刀和五十炼钢剑的检验结果推测,炼数可能就是指叠打后的层数。在锻制刀剑时,以炒钢为原料,可以用同一种钢料反复折叠锻打,也可以用数层成分略异的原料叠打,然后加热折叠再锻,反复多次,最后制成百炼钢刀剑。

上述五十炼钢剑,内侧刻有"直千五百"的铭文,被认为是这把钢剑的价钱。文献记载,东汉永平十二年(69年),粟价每石为30钱。也就是说,这把钢剑约值50石粟的价钱。以当时一般人每月吃粮一石半计,用购买这把钢剑的钱去买粟,可供一个人吃两年九个月,可见百炼钢制品是价值不低的。曹操之子曹植《宝刀赋》中记有:"建安中,家父魏王乃命有司造宝刀五枚,三年乃就。"当时制作宝刀费时三年,可能有些夸张,但至少可以说明,制作这种"百炼利器"是很费工费时的。

形容艰苦锻炼的词句"百炼成钢"、"千锤百炼"至今仍广为流传,这也可以看作对中国古代盛行一时的百炼钢技术成就的纪念吧!

千里之堤，溃于蚁穴
战国时代的堤防技术

"千里之堤，溃于蚁穴"，或作"堤溃蚁穴"，出自《韩非子·喻老》："千丈之堤，以蝼蚁之穴溃。"直接的意思是，千里长的大堤，由于小小的一个蚁洞而遭致溃决。联系上下文可知，韩非子也是在赞扬魏国的筑堤技术专家白圭。韩非子说，白圭能发现并堵塞堤上的蝼蚁洞穴，从而保护了堤防安全。《韩非子》文中反映出，战国时代劳动人民在筑堤方面已积累了丰富的经验，具有较高的技术水平。

"千里之堤，溃于蚁穴"后也比喻小事不注意，终久会出大问题。

堤防在中国起源很早，春秋时期堤防已较普遍。《国语·周语下》记载，周灵王二十二年（公元前550年），谷水和洛水同时发水，洪峰遭遇，冲毁都城王城（今洛阳）的西南部并危及王宫安全，当时曾紧急筑堤救险。

战国时期，铁制工具广泛使用，促进了黄河下游地区的开发，人口繁衍，城市兴建，黄河堤防随之有较大的发展。当时黄河下游经行和滨河的主要有齐、赵、魏三国。齐国地势较低，易受黄河洪水之害，齐国便在离河二十五里处筑堤防护。洪水威胁转嫁到赵国，赵国赶紧在离河二十五里处建堤筑防。位于上游的魏国不愿吃亏，效法齐、赵的做法，也筑堤保护地盘。各国堤防相邻的部分有着共同的利害，结果使堤防相互衔接，黄河主流在左右相距五十里的两道堤防间游荡，初步形成了保护流域地区安全的连贯的黄河堤防，与过去无堤洪水漫溢河槽的情况相比，堤防的系统修建可以说是防洪工程的一个划阶段的进步。

随着堤防的大规模修筑，防护技术也跟着发展起来，并涌现出像白圭这样的筑堤防护专家。韩非高度评价白圭说："千丈之堤，以蝼蚁之穴溃，……白圭之行堤也，塞其穴，……是以白圭无水难。"可见，当时人们对堵塞危害堤防的蝼蚁之类的洞穴，已有很大把握。

文献记载，当时堤防堵漏工程中主要应用"茨防"。"治水者茨防决塞"，"茨其所决而高之"。"茨"是芦苇、茅草之类的植物，可用来苫盖屋顶，"茨防"就是用"茨"做成的防，被认为是最早的草埽。后来经发展，埽又用了树枝、秫秸等材料。

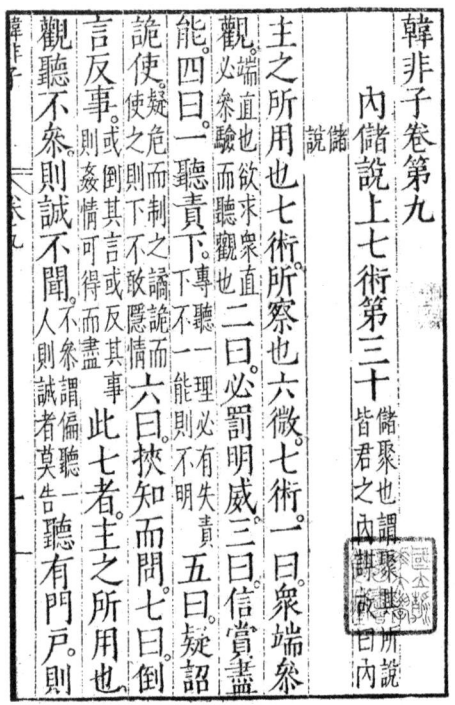

《韩非子》书影

堤防的出现为社会发展提供了新的保障。从技术的角度讲，堤防的应用也标志着治河方法达到了新水平。上古时代共工和鲧治水采用"障"（阻拦）法，大禹治水改用"疏"（疏导）法，由"障"到"疏"是一大进步。疏浚可以增加河道的泄洪能力，但还不能有效地控制洪水。而堤防的系统修建可扩大河床容纳的水量，防止洪水漫溢出槽。由"疏"到"堤"，是治水的又一大进步。综观上古到战国，治水技术发展是"障"→"疏"→"堤"的过程。

战国时期，治河技术以堤为主。筑堤专家白圭自豪地说："丹（白圭亦名丹）之治水也，愈于禹。"（《孟子·告子下》）表明了他敢于超越前人，治水防洪的必胜信念。

在大规模筑堤技术实践的基础上，战国时代有关的土力学知识也得到积累和总结，这在先秦著作《管子》和《考工记》中有详细记载。

针对黄河流域的气候特点，《管子》提出夏历三月是堤防施工的好季节，该季节土料含水量比较适宜（土壤含水量是影响土料工程物理性质的主要因素），容易保证施工质量。这时节河川处于枯水期，可以取河床滩地上的土筑堤。既起到疏浚河床的作用，同时又节约了堤外土料，以保证夏秋防汛抢险的土料来源，这个技术原则直到今天还在应用。

掌握堤防横断面的合理形状以及边坡陡缓的程度，是保证堤防稳定的又一重要因素。任何土料都有维持其物理性质稳定所必需的边坡，当时人们已有一定认识。《管子》提出，堤防横断面要做成"大其下，小其上"的梯形。参照《考工记》的记载知，在堤防底宽与高大致相等的情况下，边坡应"参分去一"，也就是取三比一的边坡。

正是在战国时期大规模修筑堤防的实践中，古人积累了经验，形成了理论，涌现出白圭这样的堤防专家。也留给了后人"千里之堤，溃于蚁穴"的成语、警句。

水到渠成
古代治理运河的范例

"水到渠成",见宋苏轼《与章子厚书》:"然俗所谓水到渠成,至时亦必自有处置,安能预为之愁煎乎。"可知本义是指水流到的地方自然成渠,后也用来比喻顺着自然趋势,待条件成熟,事情就会成功。

历史上,"水到渠成"与古代治理水患、兴修水利有关,它反映了古人对水流规律的认识。在长期的治水实践中,产生了许多动人的故事。明代一位叫白英的老人,遵循"水到渠成"的自然规律治理大运河的山东段,在中国水利史上写下了灿烂的一页。

白英,明初山东汶上县人,生卒年月不详,史称"汶上老人"[①]。

[①] 明朝在运河沿线建有水闸或河道较浅、船只航行不畅的地方,每隔一定距离设置庐舍,派驻民夫,负责养护水利设施和引导过往船只。约十名民夫设一负责者,称"老人"。白英是汶上的"老人"之一。

白英年轻时就多次参加治水工程,他十分熟悉家乡方圆数百里内的自然地理和水文情况,有着丰富的水利知识。

明永乐九年(1411年),工部尚书宋礼奉命率民工16万多人,疏通元代开挖的而后又淤塞的会通河(山东东平—临清的一段运河)。经过一年半的艰辛劳动,会通河重新疏成。但是长达数百里的运河北段(南旺—临清)的河道里,却不见水来。宋礼对此一筹莫展。

南旺—临清疏浚后的河道里为什么没有水?这还得从山东运河的历史说起。山东运河是我国南北大运河中流经鲁中南丘陵地区的一段。早在2450年前,吴王夫差为了用兵中原,开凿了一条从邗城(今扬州)到盱眙的人工河道——"邗沟",把长江和淮河连了起来。邗沟就成了以后大运河最早的一段。到了东晋,在鲁中丘陵地带,桓温又开了桓公渎,这就是山东运河的雏形。

元代时,元世祖忽必烈重用郭守敬治理京杭南北大运河。在

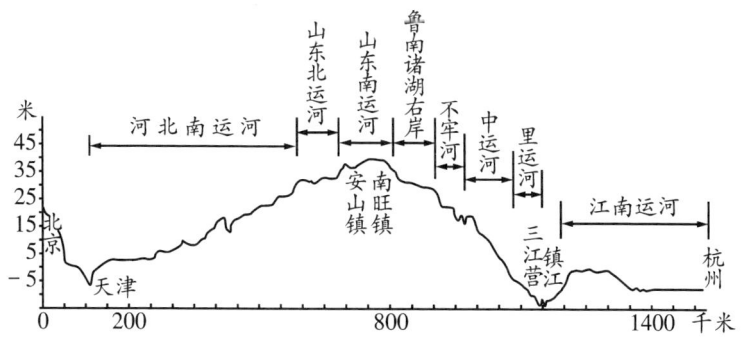

京杭大运河河底纵断面示意图(戴吾三重绘)

开凿山东运河过程中,遇到最棘手的问题就是地势起伏较大,水源补给不足。山东运河段中又以南旺段处地势最高。若以江淮水面为零位计算,南旺湖面高出江淮水面38米,故史有南旺水脊之称。因此,如何把河水引过南旺水脊,促使水到渠成,就成了山东运河段的关键。

郭守敬等人曾采取了许多水工措施,把南旺附近的汶水、洸水等全部引到南旺以南的马场湖里,在那里使南北分水,以弥补运河水源的不足。马场湖的地势略低于南旺,向南分流,水往低处奔泻。而引水北上翻越南旺水脊,就其量甚微。明洪武二十四年(1391年),黄河在阳武决口,黄水泛滥,泥沙漫流,淹没安山湖,山东运河河道几乎全被淤塞,以后便废置不用。

而宋礼这次从治河开始,就对水文地理缺乏调查研究,忽视了过去整治山东运河的教训。他急于求成,在淤塞了的山东运河重新挖成后,依旧把汶水等诸河水引到马场湖分流,而马场湖分流的结果只能是南流多,北流少,河水仍过不了南旺水脊。南旺—临清河段水量不够,渠无法形成。

正当宋礼无计可施时,白英向宋礼提出了利用地形、水势借水行舟的治河建议。宋礼豁然开朗,决定采用白英的建议。白英一边精心设计,指导施工,一边亲自参加治河劳动。按照白英的治河方案施工,山东运河终于水到渠成。明永乐十三年(1415年)。南北大运河全线通航。大运河上桅杆林立,白帆点点,山东运河段的运输效率比元代提高了十倍。船只南来北往,畅通无阻,每年北运漕粮达五百万石之多。

据《明史》记载,白英治河中采取的措施主要是两条:

第一,把分水点从原来的马场湖改移到南旺。在东平县戴村和堽城两处,分别筑坝堵截南流入洸水、北流归黄海的大汶河水,把汶水、沂水、洸水、泗水全部引到南旺,然后,按照人们的意愿分水,这就解决了有水不能北流的难题。白英巧妙地把南旺水脊地势高的不利条件变为居高临下,可任意南北分水的有利条件,并根据运河的实际需要,用分级建闸的办法实行北七、南三的合理分流,即十分之七的水量引向北流抵临清,十分之三的水量引向南流达济宁,从而使山东运河南北段都维持一定水量,以便通航。

第二,尽可能扩大水源,使南旺水脊有源源不绝的河水供南北分流。白英长期生活在鲁中南丘陵地区,对这里的山、水、湖、泉都非常熟悉。白英颇有针对性地提出了"疏泉眼,汇溪水,浚湖泊,引河水"的综合措施,把河水、湖水、溪水和泉水都利用起来,结果是有效地扩大了山东运河的水源。水到渠成,山东运河北段通航问题迎刃而解。

白英没有显赫的身世,也没有学术专著传世,但他以自己的智慧和实践为中国水利史写下了光辉的一页。

发明

抱瓮灌畦

反观汲水机械——桔槔

"抱瓮灌畦",出自《庄子·天地》:"子贡南游于楚,反于晋,过汉阴,见一丈人,方将为圃畦。凿隧而入井,抱瓮而出灌,搰搰然用力甚多而见功寡。"可见,灌园老人提取井水的方法相当原始。子贡便向这位老人介绍说,有一种新的提水机械,采用它"用力甚寡而见功多"。老人便问是什么样子?子贡回答:"凿木为机,后重前轻,挈水若抽,数如泆汤,其名为槔。"没想到,老人不仅对所说的提水机械不感兴趣,还蛮有理由地数落了子贡一番。

"抱瓮灌畦"为庄子设喻的寓言故事,本义在讽喻安于拙陋、不求改进的落后保守思想,但从故事中我们却可以看到当时作为先进汲水机械的桔槔的运用。

《天工开物》所载桔槔图

由考古材料得知,七千年前的浙江河姆渡遗址就有水井。夏商时期,使用水井逐渐增多,相应地,汲水和灌溉工具开始发展。元代王祯《农书》中说,商初成汤时期大旱,伊尹发明了桔槔,"教民田头凿井以溉田"。如果记载不误,说明3700年前已有桔槔。

桔槔的构造简单,却符合杠杆原理。把一个横长杆从中间架起或悬吊起来,一端用绳子系住汲器(桶或罐子),另一端在上部绑一块重物。当汲水时,用力拉绳子把汲器送入井中,装满水,此时绑重物的一端被提到高处。向上提汲器时,因重物下压,再借助人的一点力量,就能够把装满水的汲器提起。桔槔的省力在于:当人往下按汲器时,除两手的力量外,还利用一部分自身的重力,而重物会储存一部分势能,等向上提汲器时,这部分势能又释放出来。人长时间工作,就有减轻疲劳的效果。《庄子·天地》说:"凿木为机,后重前轻,挈水若抽,数如洗汤。"这个记述不仅说明了桔槔的原理和应用,也指出了机械的一个特征是"用力甚寡而见功多"。

关于桔槔,在《庄子·天运》里还记载道:"师金曰:'……子独不见夫桔槔者乎?引之则俯,舍之则仰。'"清楚表明了桔槔工作时是一俯一仰的状态。

《庄子》是中国历史上最早详细记述桔槔的古籍,因而具有重要的史料价值。

桔槔在古代曾是重要的提水机械,因其简便易行,应用历史很长,直到20世纪,中国农村不少地区还在使用。

桔槔在古代还有其他的应用，如烽火台上用桔槔提升火炬，这不是为了省力，而是利用桔槔可产生很大的高低俯仰变化。另外军事中的"重武器"——抛石机也利用了桔槔；甚至有一种攻城用车叫"木幔车"，它"立桔槔于四轮"，可帮助士兵轻便地翻越敌方的城墙。

千变万化

古代科幻"机器人"

"千变万化",源自《列子·汤问》里的故事,主要内容也见《列子·周穆王》。故事说:周穆王去西方巡视,返回的路上遇见一位技艺高超的巧匠,名叫偃师。偃师说他造出了一些新奇东西,想请穆王看看。第二天,偃师拜见,穆王问:"跟你同来的是什么人呀?"偃师回答:"是我造的能歌善舞者。"穆王惊奇地看去,只见那人疾走缓行,弯腰抬头,完全像个真人。偃师摇一下那人的头,它唱起歌来,歌声合乎乐律;偃师动一下那人的手,它跳起舞来,舞步符合节拍,其动作变化多端,随心所欲(原文是"千变万化,惟意所适")。表演结束后,偃师把假人拆散展示给穆王看,原来它整个都是用皮革、木头、胶、漆和白灰、黑炭、丹砂、青矆之类颜料制成的。只见体内肝、胆、心、肺、脾、肾、肠、胃,外面筋、肉、肢、骨、毛发、牙齿,样样俱全。穆王赞叹不已地说:"人的技巧竟能与创造万物的天相比啊!"

偃师是一个虚构人物,《列子》的这则故事实际是一个科学幻想,它反映了古人敢于以当时已有的科学认识为依据,来做大胆合理的想象。

《列子》成书约在魏晋时期,距今有1700年。当时的科学技术还远不能制造出堪与真人媲美的机器人,因而不少人认为《列子》中的"机器人"是一个神话。其实,认真地分析原文,可以说《列子》中的"机器人"故事是科学幻想而不是神话。

《列子》书影

神话是指古人对自然现象和社会生活的一种天真解释和美丽向往,或者是指荒诞无稽之谈。而科学幻想则是以科学知识为依据,对还没有实现的事物的合理想象。

分析《列子》的"机器人"故事可以看出:

第一,"机器人"的结构材料都是自然界的现实物质,是"革、木、胶、漆、白、黑、丹、青"之类,"皆假物也"。"假物"就是代用品的意思。模拟人的功能虽没用肌肉骨血一类生物材料,但也绝不需要什么超现实的神秘物质,这和我们所熟悉的许多神话人物的身体结构判然不同。

第二,器官的各部分之间存在着系统论意义上的相关性。如心与口,肝与目,肾与足,……穆王"废其心,则口不能言;废其肝,则目不能视;废其肾,则足不能步。"这种关联性的观点与当时已较成熟的中医学理论有关。约在战国时期成书的《黄帝内经》就充分体现出有机整体观的思想,认为五脏虽深藏于体内,但其功能的盛衰却能通过经络反映在体表的一定部位。《黄帝内经·灵枢》说:"鼻者,肺之官也;目者,肝之官也;口唇者,脾之官也;舌者,心之官也;耳者,肾之官也。"明确指出了五脏与体表、器官的联系。今天的科学研究表明,《黄帝内经》的整体观思想有其合理性。

第三,春秋战国时期,机械技术已运用得比较广泛,《列子》所记"机器人",决非孤例。古籍记载另一个有关"机器人"的故事说:"巧工为母作木车马,木人御者,机关备具,载母其上,一驱不还,遂失其母。"(王充:《论衡·儒增》)虽然这一故事缺乏技术制作细节,真实性难以详考,但在战国时期做成一种自动车辆(不涉及方向调整),是完全可能的。

而晚些年代有确切记载的自动机械就更多了。如著名的指南车和记里鼓车,这两种车不但自动机械装置复杂,"被认为是世界

指南车模型

记里鼓车模型

上最早的控制论机械",而且其"机器人"的自动性也在进步。指南车"由于齿轮系的作用,木人的手臂始终指向南方"。而记里鼓车的木人手臂因机械作用则"车行一里击鼓一次",而且每行十里,一个拨子"拨动另一个木人的手臂,使木人击镯(一种钟状铜器)一次"。(参见自然科学史研究所主编:《中国古代科技成就》,中国青年出版社,1978年,第543页)记里鼓车还表明:古人有能力为"机器人"找到一种发声途径。

  由上述可见,《列子》所说的"机器人"故事,既有合于理论体系的科学认识作依据,也有一定的机械技术水平为前提,因而可以说它是科学幻想,这在科学史、文化史上都是有意义的。

  2000年,中国科研人员研制出一具"中国模拟人","皮肤"和"肌肉"都由高分子材料制成。这具"模拟人"五脏俱全,从X光片上看,可清楚地看见其"骨骼"、"器官",与医院里所拍摄的真人X光片效果一模一样。

看风使舵

舵的产生和发展

"看风使舵",或作"见风转舵"、"看风使帆",见宋释普济《五灯会元》:"看风使帆,正是随波逐浪。"后常用于比喻跟着情势转变方向,随机应变。词语略含贬义。事实上,"看风使舵"是对古代行船(现代行船也同样)利用舵来控制航向的真切描述。

舵的发明是科技史上的一件大事,有不可低估的意义。中国是世界上最早发明舵的国家,舵的发明和使用,是中国造船和航海技术上的一项重要成就。

船的前身是独木舟,当时古人用整削的树枝作桨,既管推进又管航向。出现木板船后,随着船体越造越大,就需要多人划桨,若要每把桨都兼管推进和方向就不方便。于是人们对划桨进行分工,由靠近船尾舷边的划桨手专管航向。控制方向的桨称为"舵桨",可以说舵桨就是舵的始祖。1974年在湖北江陵西汉墓中出土的木船模型上有五支长桨,都有桨叉,其中四支在船前部两侧,作划桨用,另一支在靠船尾部的舷边,作舵桨用,这说明汉代已有专人专桨控制航向。

舵桨虽能控制航向,但存在明显缺陷,尾桨长长地伸在船尾的后面,遇到浅滩或靠岸时不易操纵。另外随着船体变大,桨翼也扩大,操纵起来费力。因此人们又改进船桨的形状,并改变安装方式,终于发明出真正的舵。

舵的发明时间,迄今尚无定论,但至迟在东汉时舵已经在使用。1955年广州近郊的一座东汉墓中,出土了一只陶制船模型。船尾有一只舵,舵面呈不规则的四方形,面积较大,与舵桨形状完全不同。舵杆用十字状结构固定,从船尾斜伸入船的后方。舵杆

带舵的东汉陶船

的顶端有一洞孔,可能是用来安装舵把的。该舵的操纵应用了杠杆原理,只要转动舵把就可以使舵面偏转。

舵在汉代史籍中已见记载。东汉刘熙所著《释名·释船》说:"其尾曰柂。柂,拖也,后见拖曳也。且弼正船,使顺流,不使他戾也。""柂"即舵;"弼正"是纠正的意思。舵能"弼正船","不使他戾",即不偏离航线,这说明当时对舵的作用已有认识。根据现已掌握的史料和出土文物判断,秦汉时期是我国古代造船业的第一个高峰,船的形体已很大,并已进行大规模、频繁的河海上的活动。当时的船用舵来操纵方向,是完全可信的。

舵的大小与船体相比微不足道,但它却能使庞大的船体运转自如,奥妙何在? 原来,行进中的船,如果要向左转,舵向左偏转一个角度,水流就在舵面上产生一股压力——舵压(水压)。这个舵压本身虽小,但它距船的转动中心较远,所以形成使船转动的力矩却不小,船首便相应地转向左方。而当船一转,相对于水流产生一个角度后,迎来的水流就会乘势推它做更大的转动。舵的神奇力量就在于以局部推动全局。而所谓"看风使舵",就是通过舵的风力影响,以保证正确的航向。

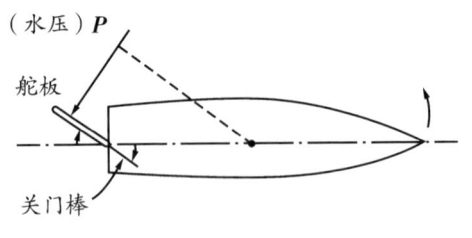

舵面受力及船向改变示意图

中国古代劳动人民不但最早使用舵,而且根据不同的水域情况和航行要求,还创制出各式各样的舵。有的舵能上能下,根据水的深浅,可将舵放置到适当位置,这叫做"升降舵"。还有一种舵,舵板上打了许多孔,叫做"开孔舵"。一般情况下,孔对舵的影响不大,但在转舵时可省不少力。这种开孔舵在南方的一些内河船和航海木帆船上使用的历史非常久,至今还能见到。

宋代出现了平衡舵。这种舵是把一部分舵面积分布于舵轴的前方,缩短了舵压力中心对舵轴的距离,减小了转舵力矩,从而操纵起来更为轻便。在宋代画家张择端的名作《清明上河图》中,客舟货船都装有这种舵。可见至迟在宋代,我国内河船上已广泛采用了平衡舵。

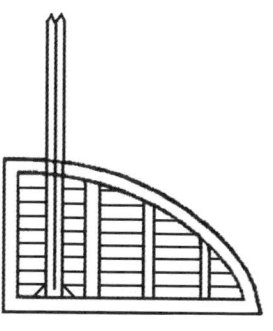

平衡舵

《清明上河图》中船尾的平衡舵

船尾舵的出现，在船舶发展史上是一件具有重大意义的事。舵、风帆和指南针一起，组成了保证船舶安全进行远洋航行的三大条件。宋人周去非在《岭外代答》中谈到，制舵的材料要用号称"奇材"的"乌婪木"，他还说，出使国外的"蕃舶"，"大如广厦，深涉南海，径数万里，千百人之命直寄于一柂"。在明代陈侃出使琉球的大海船上，"舵用四副，用其一、置其三，防不虞也……"可见舵在船舶设备中处于多么举足轻重的地位。1957年，在南京下关三汊河附近明代宝船厂遗址，出土了一个巨型舵杆，舵杆用铁力木制成，全长11.07米，舵杆横截面略近正方形，上端38×39厘米，下端68×73厘米。舵杆上有孔可装转舵的柄，下有槽榫安装舵叶和拖泥木，估计舵叶高度为6.35米。据认为舵杆是明代航海家郑和为下西洋制造"宝船"遗留下来的。舵杆如此巨大，舵的规模之大更可想而知了。

舵的发明对世界航海事业的发展具有重要意义。中国约在西汉时期发明并使用舵，12世纪末，欧洲经由阿拉伯人引进了我国这一控制航向的重要设备。"舵在欧洲的引进和使用，为15世纪的航海时代创造了条件。"（参见金秋鹏：《中国古代的造船和航海》，中国青年出版社，1985年）

驾轻就熟

古代先进的马车系驾法

"驾轻就熟",见唐代韩愈《送石处士序》:"若驷马驾轻车,就熟路。"句中"驷马"指四匹马;马拉车叫"驾";"轻车"指用于乘人的车。

在古代,马车是重要的交通运输工具。马是如何驾车的呢?这里面看似简单,实则大有学问。中国古代有效地解决了马车的系驾问题。与西方的马车系驾相比,中国在几个发展阶段都处于领先水平。

"驾轻就熟"后来也比喻对事物很熟悉,做起来很容易。

先秦时期,中国的马车是通过靷(引车前行的革带)来拉车的。从20世纪80年代秦始皇陵出土复原的2号铜车马可看出,两匹服

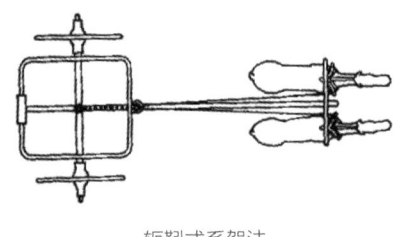

轭靷式系驾法

马各通过系在两轭内侧鞦上的靷绳来拉车,两靷的后端系在车厢前的环上,再用一条粗绳将此环与车轴相连接。由于中国古车轮子的直径较大(平均约1.33米),所以自轭鞦至车轴的连线接近于水平状态,将靷系在这里,马的力量能够集中,并且不会影响马的呼吸。这种系马驾法称为"轭靷式系驾法"。而同一时期,西方古车的系驾法是以颈带将马颈固定在衡(马颈上方的横木)上开始的,颈带是马拉车前进时的主要受力部位,这种方法称为"颈带式系驾法"。采用这种系驾法,马的气管很易受到颈带的压迫,马越用力拉车则束迫越紧,致使马的力量发挥受到很大限制,而轭靷式系驾法则无此弊端。

秦汉时期,中国古车向新的车型过渡,其最明显的标志是将独

胸带式系驾法

辕改为双辕。相应地,靷也与轭分离,两靷连接为一整条绕过马胸脯的胸带。马拉车时,由这条带子受力,此法可称为"胸带式系驾法"。采用这种系驾法后,轭仅仅起着支撑衡、辕的作用。而西方马车的系驾直到公元后才开始缓慢改进,在罗马帝国时代仍有马车采用颈带式系驾法。后来虽然出现靷绳,但仍然将它系在颈圈上,系驾法并未完全摆脱旧的方式。安装双辕的车在西方直到中世纪才开始推广,在这种车上出现胸带式系驾法则不早于公元8世纪,而这时期,中国古车的系驾法又向鞍套式系驾过渡了。

同轭靷式系驾法相比,胸带式系驾法是具有不少优点,但也有不足。后来,我国劳动人民不断改进,约在元代,开始使用软材料填充的肩套和小鞍(驮鞍)。据学者分析,肩套和小鞍一同装配到马车上的时间不会迟于元初,因为出土文物所见表明,这个时期的陶亭子车是采用小鞍—肩套系驾的车。至此,中国近代式的系驾法基本完成,而且一直沿用到今天。

鞍套式系驾法

综上所述，中国古代马车的系驾法主要采用过轭靷式、胸带式和鞍套式三种方法，其使用时间分别约在商周至战国，汉至宋，以及元以后三个时期。轭靷法在古代世界曾独树一帜，显示出中国驾车技术的独特传统，是古代的一项重要发明创造。中国马车采用胸带法的时间比西方早约一千年，采用鞍套法的时间比西方早约一个世纪。相比之下，西方马车颈带式系驾法被胸带式系驾法取代的过程极缓慢。可是到了14世纪，肩套和小鞍却一同在西方马车挽具中出现，鞍套式系驾法被采用并且迅速得到推广。这个重大的改变如此突然，据孙机先生研究，这里不可忽视中国对西方传播技术的影响。(参见孙机：《中国古代马车的系驾法》，《自然科学史研究》1984年第2期)

自相矛盾

古代兵器"矛"和"盾"

矛和盾被编排成故事最早见《韩非子·难一》:"楚人有鬻楯与矛者,誉之曰:'吾楯之坚,莫能陷也。'又誉其矛曰:'吾矛之利,于物无不陷也。'或曰:'以子之矛,陷子之楯,何如?'其人弗能应也。"后人便以"矛盾"连举,比喻言语或行为相互抵触,也泛指对立的事物互相排斥。

今人不妨对古代兵器矛和盾作一些了解。

"矛"和"盾",原是古代两种重要的常规兵器,矛用于攻击,盾用于防守。

矛是一种直而尖形的刺杀兵器,起源于原始社会的狩猎工具。最初是用尖形的石块或骨角作矛头,绑在木棍或竹竿上,用以锥

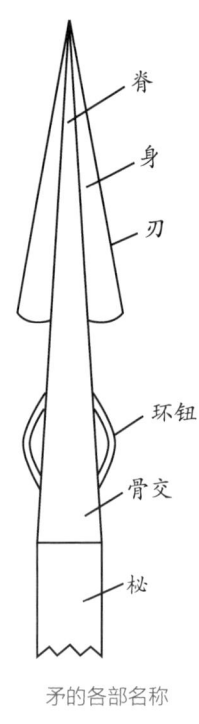

矛的各部名称

刺,这就是矛的雏形。初期的矛并无定型,到了铜器时代,才有了较一致的形式。根据殷墟出土的大批实物看,商代的铜矛,刃部具有双锋,安柄的銎(音读穷)筒有两种,一种直透于矛头,一种仅止于矛銎,銎部两侧有环或孔,用以系缨。《诗经》说"二矛重英",英就是指矛上的缨饰。周代,矛的形制有改变,过去銎比刃长,这时期刃比銎长;过去刃部多是双隅(即刃部隆起的脊角),这时期有了三隅和四隅;两侧的环也已取消。

战国以后,随着冶铁技术的发展成熟,矛也改用铁制。从秦汉到唐及五代,矛的形制和周代基本相同。两晋隋唐时期,矛又叫槊(朔),但矛头的形制基本未变。

矛的前端锋利,直刺效果比戈好,冷兵器时代,长期为军队中的主要武器之一。汉献帝建安四年(199年),孙策进攻黄祖,孙军抵沙羡(今湖北省武昌西南),刘表派他的侄子刘虎和韩浠率长矛兵五千去援助黄祖。可见这种兵器是当时军队的主要装备。

大约从晋代起,开始出现枪的提法,以后的古籍中,多称其为枪。至隋唐时,枪(即矛)已成为使用最为普遍的一种兵器,宋代时枪已有多种形制。

枪在中国应用了很长的时间,直到20世纪20年代第一次国内革命战争时期,农民赤卫队的主要装备还是枪,上面系着红缨,故称"红缨枪"。

"枪"的含义随时代改变,现代我们说枪,指的是冲锋枪或手枪,是能发射子弹的"铁家伙"。

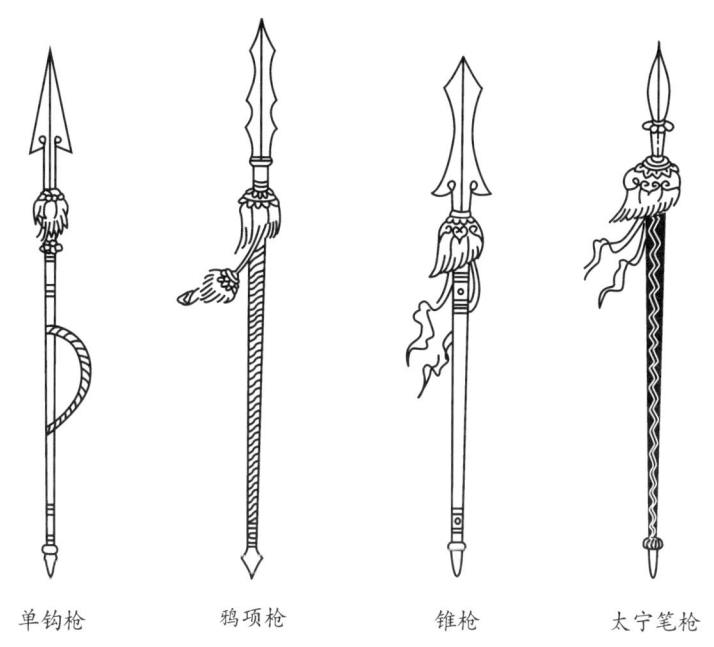

单钩枪　　鸦项枪　　锥枪　　太宁笔枪

宋代的枪

盾在古代最早叫"干",后来叫做盾或盾牌、旁排。盾可以掩蔽身体,防卫敌人的兵刃矢石的杀伤,通常和刀、剑等兵器配合使用,在冷兵器时代和其他兵器列于同等重要的地位。

盾在西周初已成为军队主要装备之一。当时的盾分步兵用和

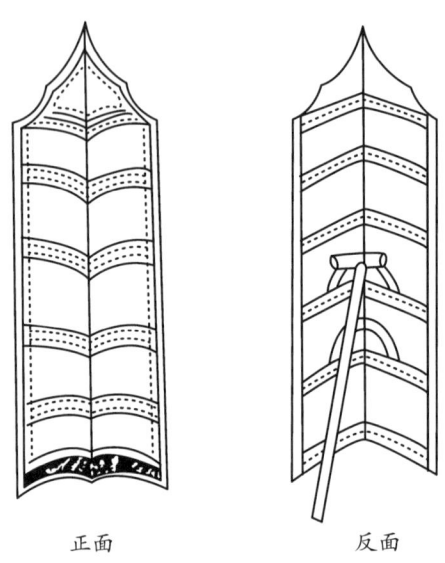

正面　　　反面

步兵旁排

正面　　　反面

骑兵旁排

车兵用两种,步兵用的形制狭而长,叫做步盾;兵车上用的狭而短,叫做子盾(小盾)。这些盾用犀皮或木板制成,因而也称犀盾或木盾。骑兵出现后,又发明了骑兵用盾,叫做旁排。这种旁排为正圆形,中央向外凸出,里面有两根系带,用时缚在左臂上,以防敌人射箭的损伤。

从秦汉到五代,军队大都装备有盾,尤其在汉唐时代,更为盛行。唐代把盾叫做彭排,彭排分六种,具体形制已不可考。根据北宋曾公亮、丁度等编撰的《武经总要》的记载看,各代所用的盾牌,其形制大体相同,如步兵用的一般是长方形或椭圆形,骑兵用的为圆形。所不同的是其尺寸大小及油漆色彩与图式。其制作材料主要是木料、皮革、杞柳、藤条等。

明代时,随着火器的发明和使用,出现了新式盾牌。著名者有神行破敌猛火刀牌、虎头火牌、虎头木牌等。神行破敌猛火刀牌用生牛皮制成,内藏燃烧性火器,战斗时,牌手持牌随战士一同前进,先向敌人喷火,火可喷出二三丈远。虎头火牌内藏神机箭或猛箭一二支,敌临近时突然发射,水上陆地皆可用。这些与火器并用的牌是明代所特有的。

用竹、木藤等制成的盾牌,对矢石枪刀等冷兵器还有一定的防护力,对火器则效力甚微,清中期以后,这种盾牌便逐步被淘汰。

有意思的是,现代社会中防暴警察重操盾牌,盾牌使用了新材料,甚至是透明的,而盾牌形制却无根本变化。

刀光剑影

古代的刀剑

"刀光剑影",见唐代诗人崔国辅《从军行》:"刀光照塞月,阵色明如昼。"又见唐代诗人刘禹锡《有僧言罗浮事,因为诗以写之》:"日光吐鲸背,剑影开龙鳞。"可见这一成语用于形容杀气腾腾的气势或激烈的厮杀、搏斗。

刀和剑都是古代重要的作战及防身武器。刀,单面侧刃,厚脊,主要用于砍杀;剑,双刃,中间有脊,主要用于刺杀,也兼有砍的性能。由考古资料和文献记载知道,历史上刀、剑并非同时出现,而是先有剑,后有刀,在发展过程中剑逐步被刀取代。从冶金技术上分析,古代的刀、剑制作都达到了相当高的水平。

刀和剑都有很长的历史,而从起源讲,剑的使用要早于刀。

剑是由矛头、匕首演变来的。从出土实物看,迄今所发现最早的剑,是西周初期的铜剑。当时剑的形制还很不完备,仅是末端尖锐、两边有刃的扁平形铜片,剑身中间没有脊,也没有剑格和剑身,茎很短,携带时插在腰部。后来不断改进,剑身中央起脊,茎加长成为剑柄,并有了剑首和剑格,剑的形制逐步完善。

东周时期青铜铸剑技术趋于成熟。贵族武士都喜欢佩剑。剑的装潢讲究,有的剑柄嵌金镶银,雕刻纹饰,极为精美。

春秋以后,步骑兵兴起,车战退居不重要的地位,战争要求大力发展近战的短兵器,在军事的促进下,铸剑技术进一步提高。对出土的部分春秋铜剑进行检测,发现剑体用两种含量不同的青铜嵌铸而成。剑的两锷含锡量高(以增加硬度);中脊含锡量则低,有的还加入较多的铅(以增加韧性)。这种剑的特点是,既能保证两锷锋利,又增加了战斗中剑体中脊的抗震性能,使剑不易折断,并可将剑身加长,以利刺杀。考古发现,古代青铜铸剑不乏精品。典型者如湖北江陵出土的越王勾践剑,掩埋千年,完好如新,锋刃锐利,寒光逼人。该剑精工制作,剑身满布菱形暗纹,剑格蚀有花纹嵌蓝色琉璃。

战国时代,随着冶铁技术的发展,铁剑投入使用。由于材料特

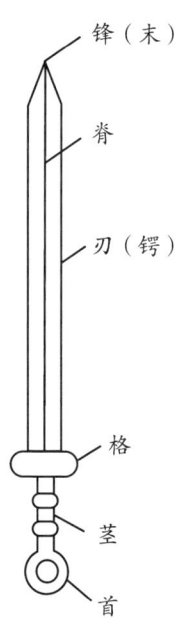

剑的各部名称

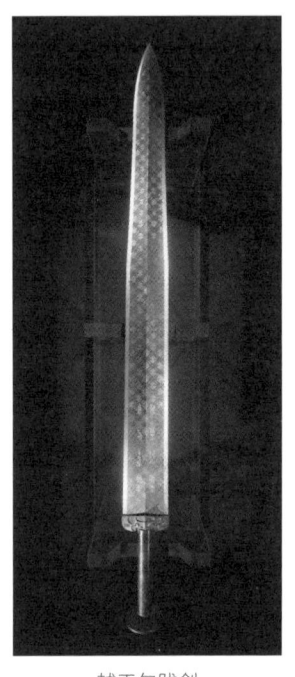

越王勾践剑

点,铁剑可以做得较长,更有利刺杀。秦代以后,普遍使用长剑,至西汉时期,铁剑已完全取代了铜剑。

在长期的战斗实践中,证明剑虽有砍、刺两种作用,但在砍杀效能和坚韧度上却不如刀。汉代,剑的地位逐渐被刀取代。到了晋代,剑已只作为文武官吏佩带的饰物和防身武器。

剑在中国历史上曾风靡数世,造就了多少武侠豪杰!看过武侠片的人,想必对剑姿剑影有深刻的印象吧。

考古发现,四千年前已有铜刀。当时的铜刀是仿照石刀、骨刀制作的,还未脱离石刀的形式。商代时,铜刀形制比以前进步,但并未成为兵器。直到西汉初年,由于战争中大量使用骑兵,更需要合用的劈砍武器,于是刀应运而生。刀只在一侧有刃口,另一侧做成厚实的刀脊。厚脊薄刃从力学角度看不但利于劈砍,而且刀脊无刃,可以加厚,不易折断。

适于劈砍的环柄长刀,逐渐地从战场中把长剑排挤出去,成为军队中大量装备的实战短柄武器。从西汉到东汉,刀的制造日趋精良,出土所见这一时期的钢刀有不少精品。如1974年山东苍山出土的一把东汉造钢刀,科技工作者检测,证明它是由含碳0.6%~0.7%的炒钢反复叠折锻打而成的。此外,还有"百炼"钢刀(参见本书《百炼成钢》)。用百炼钢工艺制出的刀,非常锋利。曹植在《宝刀赋》中说它能"陆斩犀革,水断龙舟"。由于军事需要,到东汉末期,百炼钢锻造技术普遍采用,刀的数量也大为增加。

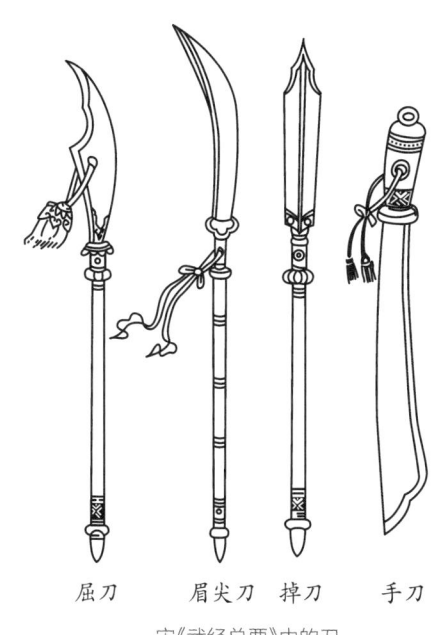

宋《武经总要》中的刀

南北朝以后,钢刀一直是主要的步兵和骑兵武器,在唐代军队的标准装备中,能看到大量的刀,却全然没有剑的踪迹。即使火器发明装备军队,钢刀也继续留在武器的行列中。直到近代,骑兵还是离不开马刀。

抗日战争初期,由于枪支有限,大刀还是八路军、游击队的有力武器。那首曾广泛流传、雄壮有力的《大刀歌》,就是当时中国军民抗日情景的生动写照。

强弩之末

古代的重武器——弩

"强弩之末"出自《汉书·韩安国传》:"强弩之末,力不能入鲁缟。"意思是说,强弩射出的箭,到最后力量弱了,连鲁缟(薄绸子)都穿不透。

弩,出现于战国时期,是一种用机械发射的弓。由于弩增大了射箭的力量和延长了预射的时间,在当时曾是一种射程远、杀伤力强的新式重武器。弩的产生和发展,从一个侧面反映了中国古代兵器技术的进步。

"强弩之末"今比喻原本很强的力量已趋衰弱。

弩,又称弩机,简单地说就是装有臂的弓。据文献记载,弩机是战国时期楚人琴氏发明的。《吴越春秋》说:"(楚)琴氏以为弓矢不足以威天下。……乃横弓着臂,施机设枢,加之以力。"弩机继承了弓箭射程远的优点,又克服了弓箭力量不足和拉弓后不能持久的弱点,增大了射箭的力量和延长了预射的时间,因而在当时成为一种射程远、杀伤力强的新式武器。

战国楚墓出土有弩机实物,细看可见其制作工艺的精巧。弩机外有一个匣(古代叫郭)。匣内前面有挂弦的钩(叫牙),钩的后面和照门(古代亦称望山)相连,照门上刻有定距离的分划,匣的下面有扳机(古代叫悬刀)。发射时先将弓弦向后拉,挂在钩上,对正目标瞄准后,一扣扳机,箭即射出,继而命中目标。操作不需要多少技巧,稍加练习就可掌握要领。弩机上的"望山"可说是世界上最早的枪械瞄准器,弩机的机能和现代枪、炮的击发装置相同。弩机的出现的确是古代抛射兵器的一大进步。

战国时期的弩机已有多种。《周礼·夏官》记载了四种弩,分别是夹弩、庾弩、唐弩和大弩,其特点:夹弩、庾弩较轻便,射程远,发射速度快,通常用于攻守城垒;庾弩、唐弩是强弩,射程较远,但发射速度慢,通常用于车战和野战。弩出现后,各诸侯国都很重视,大量制造并使用,成为军队中的重要装备。《史记·孙子吴起列传》记载:公元前341年齐魏马陵之战,齐军在马陵道两侧埋伏了一万多名弩手,当魏军经过时,万弩齐发,大败魏军。

汉代的弩进一步发展,有用手臂拉开的擘张弩和用脚踏开的蹶张弩两种。汉文帝时,李广与匈奴作战,曾经使用弩,以少击众,

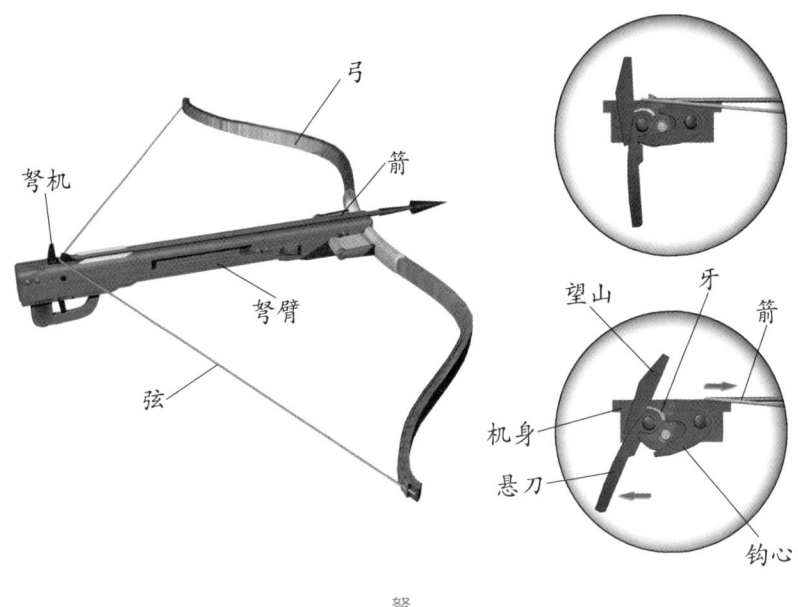

弩

发挥了很大的威力。

三国时期,诸葛亮非常重视兵器的改革,他在原来连弩的基础上加以改进,制成一种新式连弩。这种连弩是在一个弩槽里,一次放进十支箭,由一个孔向外出箭。张好弓,扣一下扳机就射出一支箭,这时槽里的箭便又落下一支,再上弦,再发,弩的发射速度大为提高。该弩的优点是轻巧灵便,发射速度快,但射击的距离近,杀伤效力小,后来没有推广使用。

唐宋时期弩又有新发展。特别是北宋时床弩盛行。《武经总要》中记载有双弓床弩、三弓床弩、大合蝉弩等多种强弩。双弓床弩是前后各一弓,用绳轴绞张,张时需七人用力。床弩所用的箭特别锋利,一种叫踏橛的箭射到城墙上,兵士可以踏着登城。

明代末期,因火器的发展,强弩渐失威风。清代时,弩不再用作军队装备,

弩退出了历史舞台,而"强弩之末"、"剑拔弩张"等成语,则因其特有的生动而保留下来。

硝烟弥漫

古代的火药发明

"硝烟",炸药爆炸后产生的烟雾。因炸药的主要成分是硝,所以炸药爆炸反应时硝的作用特别明显。"硝烟弥漫"通常指有一定规模的战斗场面,也常简说"硝烟",如"没有硝烟的战斗"等。

炸药的前身是火药。中国是世界上最早发明和使用火药的国家。中国的火药后又西传欧洲。火药的发明、使用和传播,对人类社会的进步产生了巨大影响。

中国古代的火药主要由硝石、硫黄、木炭三种化学物质混合加工而成。民间长期流传的"一硝二磺三木炭"就是它的简易配方。为什么叫做"火药"?因为它的发明来自古代炼丹制药的实践;还因为组成火药的硝石、硫黄在古代都曾被当作药,遇火易燃是其特性,故被称作火药。

早在战国时期,神仙方术盛行。一些方士为迎合统治者心理,极力寻找和制炼长生不死之药,此后数代帝王都扶植这一活动,发展至隋唐时期,炼丹制药更为风行。

在长期的炼丹制药过程中,一些炼丹家、医药家积累起许多物质和物质间化学变化的经验。其中对硝石、硫黄等物质的认识和实验就成为火药发明的前提。南朝陶弘景在《本草经集注》中介绍了当时鉴别硝石的方法:"强烧之,紫青烟起,仍成灰。不停沸如朴硝,云是真硝石也。"唐代苏敬主编的《新修本草》记载了提纯硝石的技术:"今练粗恶朴硝(即粗硝石),淋取汁煎,练作芒硝,即是硝石。"即说将粗硝石经过水溶、煎汁、再结晶,得到针状晶体(芒硝)。硝石是制作火药的关键,因而对它的鉴别、加工提纯的掌握很为重要。

古人对硫黄的认识也很早。冶炼铜、铁中常分解和析出二氧化硫气体,使人感到刺鼻的气味,后来人们发现可以采集它。南北朝以前,人们主要使用天然硫黄,后来,尤其是宋代以后,便逐渐以硫铁矿中冶炼出的硫黄为主。硫黄因其金黄的颜色,特别是它能与水银相化合的性质,备受炼丹家的重视。

在炼丹过程中,炼丹家为了变革某些物质的固有性质,还经常采用以火来制伏药料的手段。今天看来,这种称作"伏火"的手段中,有丰富的化学内容,直接与火药的发明相关。特别是对硝石进

炼丹引爆图

行"伏火"的预处理,使之转变为性情温和的药物,表明炼丹家已清楚地认识到,硝石常常是与其他物质合炼中发生爆燃的祸首。

分析看出,火药的发明显然是从对爆燃现象的发现和研究开始的。为了防止炼丹过程中的爆燃灾祸,唐代初期炼丹家已充分认识硝石、硫黄等都是引起爆燃的物质,其中关键的物质是硝石。为此他们研究了伏火手段和检验其助燃性的技术,并取得了控制硝、硫、炭反应的方法。文献表明,唐代中期,炼丹家已掌握了火药的配方。然而,只有将火药的配方运用到实际中,才算是真正完成了火药的发明,这又经历了约两百年的发展。

据文献记载,至迟在北宋初,军事上已应用火药,火药武器开始被采用,并有了较快的发展。关于这时期的火药配方、火药武器制作,北宋《武经总要》(成书于1044年)有清楚的介绍。该书前集第十一、十二卷里记载了当时的火药武器和三个火药配方,这是世界上最早公布的最完整的火药配方。具体是:火球火药方、蒺藜火球火药方、毒药烟球火药方。其硝、硫、炭三种成分在火药中的组配比率依次分别为:50%,26.5%,23.5%;50%,25%,25%;49.4%,24.8%,25.8%。用这三个火药配方制成的火药,虽然由于硝的含量

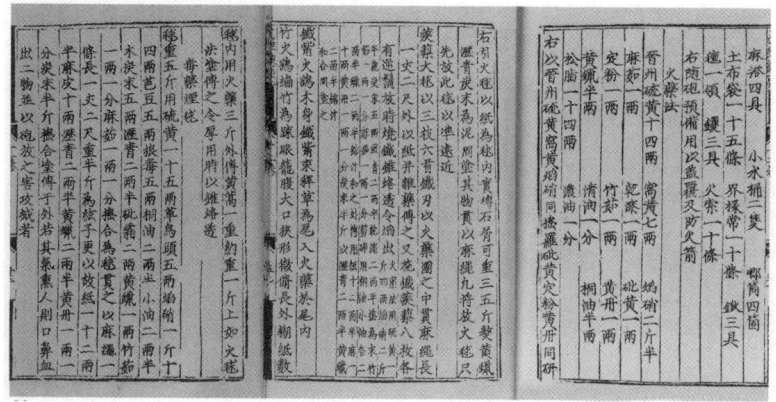

《武经总要》记载的火药配方

北宋时期三种火药配方

种类	火药成分			
	焰硝	硫黄	炭末	其他易燃物
毒药烟球	30%	15%	5%	50%
蒺藜火球	40%	20%	5%	35%
火球	40%	14%	14%	32%

偏低而只具有燃烧的性能,但它们却是最早的实用火药的代表。

宋元之际,火药和火器有较大的发展。成书于明初的《火龙经》能反映一个侧面。书中介绍了神火药、烈火药、飞火药、爆火药等26种火药,还介绍了炮、铳、箭、喷筒等各类火药武器。火药从配方到加工直到用于不同的火器,比之《武经总要》所介绍的又有了很大提高。

至明代中叶,中国的火药配方和火药生产工艺已达到近代水平,在当时的世界处于领先地位。这时期的火药配方除了少数用作燃烧型或信号的外,硝含量基本上已稳定在75%左右,硫含量维持在10%左右,炭含量在12%~15%之间,稳定的数据表明了火药配制工艺的成熟。

中国的火药和火药武器发明后,便逐渐传入西方。西传过程大约分两个阶段。第一阶段是1225年前后,烟火和火药的制造方法由南宋经印度传入伊斯兰教国家;第二阶段是从1258年起,各种火器由元朝传入伊斯兰教国家。

火药、火药武器传入欧洲后,武装了新兴的资产阶级,并在他们发动革命、战胜封建贵族的斗争中发挥了不可低估的作用。

技术观

班门弄斧

古代著名工匠鲁班

"班门弄斧",出自唐文学家柳宗元《王氏伯仲唱和诗序》:"操斧于班、郢之门,斯强颜耳。"郢,指楚国郢都的巧匠,名石。柳宗元说自己为王氏兄弟的诗集写序,就像在公输班和匠石面前使用斧子似的不自量力,这是一句自谦话。

也有人认为"班门弄斧"一语始于明梅之焕的诗《题李太白墓》。相传唐代大诗人李白死后葬在安徽当涂(今属马鞍山市)长江边上的采石矶,来往江边的一些好炫耀者,即使不会作诗,也常要在墓前写几句。梅之焕便讽刺写道:"采石江边一堆土,李白之名高千古。来来往往一首诗,鲁班门前弄大斧。"

"班门弄斧"后来也用来形容那些不自量力在行家面前卖弄本领的人。

清代木版印画《鲁公输子先师》

"班门弄斧"作为成语广为人知,它所显示的生命力,反映了后人对匠师之祖公输班的崇拜和敬仰。

公输班(也作般、盘),春秋时鲁国人,故也称鲁班,是中国古代著名的能工巧匠和技术发明家。据考,他生活于约公元前510年至公元前440年。

公输班在机械方面有许多发明,被誉为"机械之圣"。

如发明粮食加工机械,古籍多有记载。《世本·作篇》:"公输般作硙。"《物原·器原》:"般作砻、磨、碾。"《说文解字·石部》:"硙,䃺也。从石豈声。古者公输班作硙。"虽然对于硙究竟是砻还是磨,学者解释不同,但砻、磨、碾都被认为是公输班发明的。砻用于磨谷取米,所以江浙民间又称谷糠为砻糠。磨和碾用于磨面。虽然早在龙山文化时期便有了杵臼等简易粮食加工工具,但沿用了千百年一直没有新发展。粮食加工方式落后,直接影响到人们的生活。而公输班发明的砻、磨和碾,正好解决了人们面临的脱谷和磨面问题,给社会带来极大的方便。

又如发明起重机械,见《礼记·檀弓》记载。季康子之母死,依礼制,当按"三家视桓楹"规格入殓。所谓"视桓楹",就是在下葬时用人力拉住系在椁四角的四根绳子,还要用人背着两个大如楹柱的木碑,击鼓为节,一起动作,慢慢地将椁下到坑里去。作为经常参与这类葬事的工匠,公输班对于这种艰苦的劳动深有感受,因而建议运用机械,"转动机关,窆而下棺"。这显然是一种代替人力将棺椁放到坑中的省力机械。虽然由于年代久远,不清楚其具体构造,但从原理看,在当时桔槔、辘轳等机械已广为使用的情况下,制造一种新的起重机械,是完全可能的。

公输班还运用机械原理,进行了两项科学实验,一是飞鹊,一是木车马。

飞鹊,后人也称为飞鸢、木鸢。《墨子·鲁问》记载:"公输子削竹木以为鹊,成而飞之,三日不下,公输子自以为至巧。"公输班自信这是一件代表他最高水平的杰作,后人亦为之津津乐道,许多史籍都加引述,影响广远。这种用竹木制成的飞行器,应当说是人类征服空间世界的最早实验之一。其形制已无从得知,但说它是后世滑翔机的雏形,大概也不为过。

木车马的记载见《论衡·儒增》:"犹世传言曰:'鲁般巧,亡其母也。'言巧工为母作木车马,木人御者,机关备具,载母其上,一驱不还,遂失其母。"这大概可说是世界上最早的机动车了。当然,这一记载推敲起来也有失实之处。关于这种木机动车的形制和动力原理,已难以查考。

公输班也是一个工具专家,他在木工工具方面作出了特殊贡献。《物原·器原》说:"般作刨、钻、檠栝。"刨和钻都是木工常用工具,檠栝乃是一种矫正曲木使之平直的工具。这些新工具的发明对于手工业的发展起了重要作用。

公输班到了晚年,已是远近闻名的发明家。南方大国楚国的惠王慕名邀公输班前往,帮助改进军事设备,以提高与诸侯争霸的实力。公输班此去做了两项重要发明,这就是钩强和云梯。

钩强,见于《墨子·鲁问》:"公输子自鲁南游楚,焉始为舟战之器,作为钩强之备,退者钩之,近者强之,量其钩强之长,而制为之兵。楚之兵节,越之兵不节,楚人因此若埶,亟败越人。"据考证,这种在楚越长江水战中大显威风的钩强,是对原有篙足所作的改进,加装了一个铁制的钩搭,从而使之变成了一种能钩能拒、能攻能守的舟战武器。

云梯,见于《墨子·公输》:"公输盘为楚造云梯之械成,将以攻宋。"由于筑城技术的进步,当时各国都城都建得墙高池深,易守难攻。原使用的攻城器械如钩援、临冲、楼车、巢车之类已显得落后。公输班综合原有攻城器械的长处而新发明的云梯,可以用于瞭望城内动态,亦可靠上城墙,借以登城。有了这种先进装备,攻城就容易得多。

关于公输班的发明还有许多说法,有的根据略嫌不足,有的系传闻故事,不再细述。

公输班以他的聪明才智和创造发明赢得了世人的尊敬。而"班门弄斧"作为成语也流传至今。

箕裘相继

古代工匠的技术传习

"箕裘相继",也作"克绍箕裘",出自《礼记·学记》:"良冶之子,必学为裘;良弓之子,必学为箕。"大意是说,冶炼世家的子弟,见父兄冶铁使之柔和成器,便学着缝补和制作冶铁鼓风用的皮囊;制弓世家的子弟,见父兄弯角成弓,便能学着编柳而成簸箕。本义指子弟能继承父辈的事业,后也用于前人的事业得到继承和发展。

《礼记·学记》的话间接反映了,古代技术的传授和训练是一种父子相传的方式。

春秋战国时代的技术传授和训练的方式,在先秦古籍《管子》中有明确记述。《管子·小匡》说:"今夫工群萃而州处,相良材,审其四时,辨其功苦,权节其用,论比、计制、断器,尚完利。相语以事,相示以功，相陈以巧，相高以知事。旦昔从事于此，以教其子弟。少而习焉，其心安焉，不见异物而迁焉。是故其父兄之教，不肃而成，其子弟之学，不劳而能。夫是故工之子常为工。"大意是：工匠居处相聚而集中，察看好的材料，考虑四季节令，区别质量优劣，安排各季所用。在评定等级、审核规格、鉴定器物质量的时候，要考虑周全，力求完备。这样，互相谈论工事，展示成品，比赛技巧，提高技能。他们整天从事于此，来教育子弟。其子弟从小就习惯了，思想安定，不会见异思迁。因此，其父兄的教育不严也能教好，其子弟的技能不劳苦也能学会。所以，工匠的子弟常为工匠。

从引文可以看出，春秋战国时期，手工业的技术传授和训练的主要途径，就是家庭式的"父兄之教"和"子弟之学"，使人自幼就耳濡目染，耳提面命，收到"不肃而成"、"不劳而能"的效果。通过口授和模仿，把技术一代一代地传下去。关于这一点，还可以从战国时的《考工记》和《荀子》等文献得到佐证。《考工记》说："巧者，述之守之，世谓之工。(父子世以相教。)"《荀子》也说："工匠之子，莫不继事。"两书的某些论述都阐明了工匠的技术传授是家庭式的父子相传、子继父业。

考古资料也可印证文献记载。如分析战国时期齐都城临淄的陶文可知，当时有十多个乡、五十多个里有制陶业，从业者数百人。陶文中，多数陶工的名字只记名，不记姓，仅有少数名姓俱全。从名姓俱全的资料考察，发现同一姓的陶工多居于同一里或同一乡

《钦定书经图说》所载垂典百工图

内。由此可知,临淄制陶业组织形式是多以家庭成员为主要生产者的民间制陶作坊。(参见高明:《从临淄陶文看制陶业》,《古文字研究》第十九辑)

除家庭式的"父兄之教"和"子弟之学"外,古代官手工业作坊中的学徒制也是重要的技术传授和训练方式。

中国历代王朝都有大量的工匠,这些工匠在官手工业作坊里制作各种用品,在建筑工地上修建宫殿寺庙等工程。新招来的工匠和学徒都要进行训练,官府指派技高艺人传授技术,提高技能。唐代时,这种技术训练的方式趋于完善,出现了技工学校。在唐官府手工业场,集中学徒工,让著名匠师传授技术。根据工种不同、培训时间不等,每季由官府考试一次,年终大考一次。

学徒制有利于培养更多的工匠,但是师傅传授给徒弟的多是一般技术,技术诀窍(即核心部分)轻易不外传。即所谓"授人以规矩,而不授人以技巧"。技术诀窍保密,只授给自家或家族的人,其结果是常常造成某些技艺的失传。

中国古代长期是以农业经济为主的封建社会,在技术传授和训练上,父子相传和师傅带徒弟的方式有其存在的合理性。然而,随着西方工业技术的传入,理工科学校兴起,培养人才的方式发生了改变,大批的专门人才都由学校培养。目前,只在某些需要保护的传统工艺领域,仍保留师傅带徒弟的方式。

盗天而无殃

古代对自然资源的认识

"盗天而无殃",见《列子·天瑞》的"盗亦有道"寓言。故事说:宋国有一贫穷的向氏,专程到齐国,向富有的国氏请教致富之术。国氏告诉他说:我善为盗。开始偷盗时,一年可自给,二年便富足,三年家财大盛。自此以后,还可接济乡邻街坊。向氏听罢大喜,只听见介绍偷盗的话,却不领悟偷盗的道理,于是翻墙挖壁,偷人财物,不想因此受到惩罚。向氏以为国氏欺骗了自己,便前去责问。国氏问明情况后说:你误解偷盗的道理到了这种地步吗?让我告诉你吧。我听说天有四季节令,地有资源肥力。我偷的是天时地利、云雨的滋润、山泽的物产,用来生长我的禾苗,繁殖我的庄稼,建筑我的土墙,兴造我的房舍。在陆上偷禽鸟野兽,在水里偷鱼虾龟鳖,没有一样不是偷来的。庄稼、土木、禽兽、鱼鳖都是自然界所生，难道是属于我的吗？可是我偷天地的物产就不会有灾祸。

这则故事深刻地说明：人类的生活所需，其实都是"盗取"大自然。盗取的并非静态的大自然，而是大自然运行时所产生的动能。故事借国氏之口明确表明：取用大自然运行产生的动能时，并没有伤害到大自然本身。所以故事结尾说："知天地之德者，孰为盗邪？孰为不盗邪？"所谓"知天地之德者"，用现代语言来说，便是指认识大自然的客观规律。人们一旦认识到大自然的客观规律，便可顺

《列子》书影

应自然变化,凭借智力从中获取生产生活的资料。

更重要的是,认识并进而掌握自然变化的道理,绝不意味着对自然予以宰制,以致造成人与自然对立的紧张关系。相反,人应从中领悟如何与自然和谐相处。

《列子》的这一盗天思想对后世有重要影响。托名黄帝撰的《阴符经》中有"天地万物之盗,万物人之盗,人万物之盗也",意思同《列子》"盗亦有道"一节文字十分相似,它直接启迪唐代哲学家李荃提出了"人定胜天"的"盗机"思想(注意:"人定胜天"不是我们片面理解的人类一定能征服自然,战胜自然)。据近人余嘉锡考证,《阴符经》可能成书于北朝,或与道士寇谦之有关(见《四库提要辨证》),则其滥觞于《列子》的盗天思想不无为据。

德国著名哲学家海德格尔晚年致力于思考有关技术的问题,关于人与自然关系的认识与"盗亦有道"的故事颇有相合之处。海德格尔认为,技术在本质上是一种解蔽方式,然而现代技术只是一味地向自然提出蛮横的要求,要求自然提供被开采和储藏的能量,这种思维方式发展下去,最终连人本身都变成了一种"人力资源",随时准备被开采和储藏。

在海德格尔看来,这种技术观念的形成是背离传统的技术本质的。他曾举风车的例子加以说明。古代的风车尽管利用风能,但它始终听任风的吹转,并不开发气流中的能量以便加以储存。风车的转动完全顺应自然,有风则转,无风则止。风车作为一种技术,并没有对风提出蛮横的要求,得到动能后,也没有对风造成掠夺。

而现代技术则不同,它总是挑战自然,迫使事物进入一种非自然的状态。当人类"万物主宰"、"无所不能"的意识恣意发展,就致使掠夺自然、破坏自然的技术趋于规模宏大和精巧。现代技术的不加节制已带来严重的负面影响,已引起越来越多有良知者的焦虑和关注。正由于此,"盗亦有道"这一古老的寓言就有它的现代启示意义,我们应呵护自然,善加利用自然,自觉节制征服自然、改造自然的欲望。只有与自然和谐地相处,才能确保人类自身的持久生存、繁衍和发展。

买椟还珠
古代技术与文化的关系

"买椟还珠",出自《韩非子·外储说左上》:"楚人有卖其珠于郑者,为木兰之柜,薰以桂椒,缀以珠玉,饰以玫瑰,辑以翡翠。郑人买其椟而还其珠。此可谓善卖椟矣,未可谓善鬻珠也。"韩非刻意借这个故事说明:嵌着珠玉的匣子看起来华丽,其实影响了要卖的珠子的价值。联系韩非这篇故事的上下文可知,韩非对当时盛行的器物精雕细琢和注重形式持批评的态度,他呼吁世人注重器物的实际功用。

对玉器的功用和价值,先秦诸子有不同的态度,常常借玉喻事阐述看法,这成为先秦时代特有的文化现象。

"买椟还珠",后也用指迷惑于表面而忽略了事物的内在本质。

考古发现,中国新石器时代已制作玉器,最初先民仅是用它来作装饰或祭祀。随着社会演进,玉器的功用逐渐发生变化,被赋予了等级、道德、礼仪等含义。

春秋战国时代,制作玉器出现新高潮,玉制器物普遍,对社会、文化形成很大的影响。先秦诸子评价玉器,借玉喻事,各有自己的观点,成为一个时代特有的文化现象。

著名思想家孔子,对事物一向是取比较实际的态度。在评价玉器质地、制作以及使用的方式上,孔子有一段话表明了他的基本观点,即内容与形式要统一,文与质要统一。孔子说:"礼云,礼云,玉帛云乎哉?乐云,乐云,钟鼓云乎哉?"(《论语·阳货》)大意是,礼呀礼呀,难道说的是玉和帛一类的器物?乐呀乐呀,难道说的是钟和鼓一类的器物?周代时礼制已成体系,玉礼器形式完备。孔子认为,所谓礼,并不局限于器物所表现的形式,而玉帛等器物不足以表现出他对美玉所表现的内容的追求。

《礼记》中记述了一个故事:子贡问孔子,为什么以玉为贵而以珉(一种似玉的石头)为贱,难道是因为玉少而珉多吗?孔子回答说:不是。是因为君子比德于玉。也就是说,玉代表的内容比珉丰富,君子要使自己的品德像玉一样。这里反映出孔子的价值观,表明了他对玉与礼、玉与道德的总体认识。

生活年代稍晚于孔子的墨子,出身于手工业阶层,其学说同孔子相悖。墨子更关注劳动者的实际生活。对于当时上层社会视为

贵重之物的玉器、珠宝,墨子持强烈的否定态度。墨子说:

和氏之璧,隋侯之珠,三棘六异,此诸侯之所谓良宝也。可以富国家,众人民,治刑政,安社稷乎?曰:不可。所谓贵良宝者,为其可以利也。而和氏之璧,隋侯之珠,三棘六异,不可以利人,是非天下之良宝也。

墨子从手工业者的立场出发,把是否有利于发展生产、改善人民的生活条件、安定社稷作为判断事物价值的标准。玉器、珠宝不符合这种标准,因而就不是贵重的东西。

春秋时期的玉虎形饰

韩非是战国晚期颇有影响的思想家,他对待玉器物采取的是一种功利主义态度。韩非认为,玉器实用,就有价值;不能实用,就没价值,甚至还不如一件瓦器。在《韩非子·外储说右上》中他借一则故事说:

堂谿公谓昭侯曰:"今有千金之玉卮,通而无当,可以盛水乎?"昭侯曰:"不可。""有瓦器而不漏,可以盛酒乎?"昭侯曰:"可。"对曰:"夫瓦器至贱也,不漏,可以盛酒。虽有乎千金之玉卮,至贵而无当,漏,不可盛水,则人孰注浆哉?"

"玉卮",是极贵重的玉制酒器,其价值本不在于能否用来盛酒或"注浆"。而韩非却坚持功利的评判标准,管什么玉卮器形,制作精美,水不可盛,就认为它无用。就盛水功用而言,韩非认为瓦器比玉卮强。可见韩非的极端倾向。

孔子谈到玉器时,重视内容与形式的统一,文与质的和谐。韩非则认为,玉器的好坏在玉质,不在加工形式。"和氏之璧,不饰以五采;隋侯之珠,不饰以银黄。其质至美,物不足以饰之。夫物之待饰而后行者,其质不美也。"韩非反对玉器的雕琢装饰,认为以装饰博人爱不足取,外在的装饰美,会有损质地美。韩非特地讲了

春秋早期龙纹玉玦

"买椟还珠"的故事,意在说明,嵌着珠玉的匣子实际影响了珠子的价值。可见,韩非重器物的实际功用,轻形式。

  上面所举的几位古代思想家对玉的认识,是一定历史阶段中技术与文化关系的反映。总体看来,墨子、韩非的态度偏执了些;孔子取中庸之道,强调对礼的内容的表达,对玉的质与文不轻加否定,开儒家论玉之先河,对玉器体系的理念化影响也最大。

愚公移山
古代的人与自然

"愚公移山",出自《列子·汤问》。故事说:古代有位老人,住在华北,名叫北山愚公,年且九十。他的家门南面有两座大山挡住他的出路,一座叫做太行山,一座叫做王屋山,愚公下决心率他的儿孙用锄头挖去这两座大山。愚公带领儿孙中能挑担子的三个人,砸石头,挖泥土,用箕筐把土石运到渤海之滨。他们从冬到夏,一年才能往返一次。

河曲有个叫智叟的老头,嘲笑着劝阻愚公说:这样干未免太愚蠢了,以残年余力,还不能毁山之一毛,又如何对付大山的土石?愚公长叹,回答说:你太顽固了,顽固得一窍不通。即便我死了,还有儿子;儿子死了,又有孙子,子子孙孙没有穷尽。但是山上的土石却不会再增加,还怕挖不平吗?愚公说得智叟无言以对。这件事最终感动了天帝,他就派大力神夸娥氏的两个儿子下凡,把两座山背走了。

后用"愚公移山"借指有决心和毅力,知难而进,不怕困难。

故事中,"愚公"和"智叟"都是虚构人物,两位老者,一"愚",一"智",分明是两种对立的人与自然关系的代表。愚公批驳智叟,表明他弃智的信念;而只用简单工具(没有任何省力机械),不计劳动成本,不计工效,是有意地摈除技术,否定巧干。所以,故事原意所表达的是否定心智和技巧的运用,打破世人急功近利的心态,忘怀以造事,无心而为功。故事彰显的是一种坚定不移的信念,苦干实干的精神。有意思的是,在《庄子》"抱瓮灌畦"的故事中,我们也看到暗含的这种精神。

"愚公移山"后经革命领袖毛泽东的诠释,完全被赋予了新的含义。1945年6月11日,毛泽东在中国共产党第七次全国代表大会上致闭幕词,借用"愚公移山"这一寓言作比喻,生动又深刻地指出:只要依靠和团结全国人民,学习愚公挖山不止的革命精神,脚踏实地地进行长期的、艰苦卓绝的斗争,就一定能够克服面临的困难,感动全中国人民这个"上帝",从而一起把帝国主义和封建主义这两座大山搬掉,取得民主革命的彻底胜利。

经毛泽东的号召,"愚公移山"成为一种改造中国社会、改造自然的巨大精神力量,也被比喻成人民群众改造世界的雄心壮志和

> # 愚 公 移 山[*]
>
> （一九四五年六月十一日）
>
> 我们开了一个很好的大会。我们做了三件事：第一，决定了党的路线，这就是放手发动群众，壮大人民力量，在我党的领导下，打败日本侵略者，解放全国人民，建立一个新民主主义的中国。第二，通过了新的党章。第三，选举了党的领导机关——中央委员会。今后的任务就是领导全党实现党的路线。我们开了一个胜利的大会，一个团结的大会。代表们对三个报告[(355)]发表了很好的意见。许多同志作了自我批评，从团结的目标出发，经过自我批评，达到了团结。这次大会是团结的模范，是自我批评的模范，又是党内民主的模范。
>
> 大会闭幕以后，很多同志将要回到自己的工作岗位上去，将要分赴各个战场。同志们到各地去，要宣传大会的路线，并经过全党同志向人民作广泛的解释。
>
> 我们宣传大会的路线，就是要使全党和全国人民建立起一个信心，即革命一定要胜利。首先要使先锋队觉悟，下
>
> ——————
> [*] 这是毛泽东在中国共产党第七次全国代表大会上的闭幕词。

《毛泽东选集》书影

坚定不移的斗争精神，这对中国人的观念产生了非常重要的影响。无疑，应该充分肯定"愚公移山"精神的积极的、正面的影响，特别是在新民主主义革命时期，中国共产党领导人民同帝国主义和反动派进行的斗争，是持久的、艰苦的、需要齐心协力的。然而也要看到，进入社会主义革命和建设时期，原来的条件发生了变化，过分强调人的主观愿望和作用，把人与自然对立起来，大量地依赖人

河南济源愚公移山红色教育基地

力物力,执着苦干,往往事与愿违。怀着"人定胜天"(给予新含义)的信念,发扬"愚公移山"精神,与天奋斗,与地奋斗,"大炼钢铁"、"大跃进"……为社会主义道路探索付出了沉重的代价。

今天,我们应回归"愚公移山"寓言的本义来看它的价值与不足。其价值在于:它表达了坚定不移的信念,提倡苦干实干的精神。其不足是:不顾客观条件,只讲辛勤劳动,不讲智慧运用,否定技术和巧干,结果做一件事很可能就会旷日持久,造成不必要的人力和物力耗费。

参考文献

1. 论语.
2. 管子.
3. 周礼·考工记.
4. 列子.
5. 周髀算经.
6. 吕氏春秋.
7. 中国水利史稿编写组. 中国水利史稿. 北京:水利电力出版社,1979.
8. 夏纬瑛.《周礼》书中有关农业条文的解释. 北京:农业出版社,1979.
9. 中国天文学史整理研究小组. 中国天文学史. 北京:科学出版社,1981.
10. 杜石然,范楚玉,陈美东,等. 中国科学技术史稿. 北京:科学出版社,1982.

11. 陈维稷.中国纺织科学技术史(古代部分).北京:科学出版社,1984.

12. 中外数学简史编写组.中国数学简史.济南:山东教育出版社,1986.

13. 杨鸿勋.建筑考古学论文集.北京:文物出版社,1987.

14. 戴念祖.中国力学史.石家庄:河北教育出版社,1988.

15. 宋正海,郭永芳,陈瑞平.中国古代海洋学史.北京:海洋出版社,1989.

16. 老亮.中国古代材料力学史.长沙:国防科技大学出版社,1991.

17. 李经纬,李志东.中国古代医学史略.石家庄:河北科学技术出版社,1990.

18. 丘光明.中国历代度量衡考.北京:科学出版社,1992.

19. 周瀚光.中国古代科学方法研究.上海:华东师范大学出版社,1992.

20. 薄树人.中国传统科技文化探胜.北京:科学出版社,1992.

21. 汪子春,罗桂环,程宝绰.中国古代生物学史略.石家庄:河北科学技术出版社,1992.

22. 闵宗殿.中国古代农耕史略.石家庄:河北科学技术出版社,1992.

23. 中华古文明大图集编辑委员会.中华古文明大图集.北京:人民日报出版社,1992.

24. 陆敬严.中国古代兵器.西安:西安交通大学出版社,1993.

25. 华觉明. 中国古代金属技术. 郑州: 大象出版社, 2000.

26. 李政道. 科学与艺术. 上海: 上海科学技术出版社, 2000.

27. 梁思成. 图像中国建筑史. 梁从诫, 译. 天津: 百花文艺出版社, 2001.

28. 戴念祖. 中国科学技术史·物理学卷. 北京: 科学出版社, 2001.

29. 陆敬严, 华觉明. 中国科学技术史·机械卷. 北京: 科学出版社, 2001.

30. 孙机. 中国古舆服论丛(增订本). 北京: 文物出版社, 2001.

图片来源

P2，P35，P50，P51，P56，P77，P80，P100，P103，P123，P134，P135下，P140，P149，P164，P167，P188，P194，P196，P208，P221，P224，P227，P228，P235，P238，P272，P283，P298，P307，P326，P327，P332：视觉中国

P10下，P31，P217：戴吾三摄

P11，P20，P60，P72，P75，P89，P91，P94，P112，P162，P236：壹图网

P17：李政道主编，《科学与艺术》，上海科学技术出版社，2000年

P25：《战国曾侯乙墓出土文物图案选》，长江文艺出版社，1984年

P40，P85，P138，P141，P142，P143，P180，P200，P211，P215，P280，P302，P306：张存浩、陈竺主编，《彩图科技百科全书》，上海科学技术出版社，上海科技教育出版社，2005年

P64，P247：毛利梅园绘

P68：夏纬瑛绘

P107：张君奕绘

P119，P135上，P175，P244：《中华古文明大图集》，人民日报出版

社,1992年

P148,P153:汪子春等,《中国古代生物学史略》,河北科学技术出版社,1992年

P161:刘敦愿,《古代艺术品所见"食物链"的描写——云南江川出土青铜臂甲动物图像试释》,《农业考古》1982年第2期

P220:蓝勇绘

P288,P289:孙机绘

P292,P293,P294,P297,P299:陆敬严,《中国古代兵器》,西安交通大学出版社,1993年

图书在版编目(CIP)数据

成语里的中华科技/戴吾三著. —上海：上海科技教育出版社,2022.1(2023.9重印)
ISBN 978-7-5428-7614-0

Ⅰ.①成… Ⅱ.①戴… Ⅲ.①汉语—成语—通俗读物 Ⅳ.①H136.31-49

中国版本图书馆CIP数据核字(2021)第246412号

责任编辑　殷晓岚
装帧设计　杨　静

CHENGYU LI DE ZHONGHUA KEJI
成语里的中华科技
戴吾三　著

出版发行	上海科技教育出版社有限公司 (上海市闵行区号景路159弄A座8楼　邮政编码201101)
网　　址	www.sste.com　www.ewen.co
经　　销	各地新华书店
印　　刷	上海商务联西印刷有限公司
开　　本	890×1240　1/32
印　　张	11
版　　次	2022年1月第1版
印　　次	2023年9月第5次印刷
书　　号	ISBN 978-7-5428-7614-0/N·1138
定　　价	58.00元